世界科普巨匠经典译丛·第五辑

Zuiheian de Shidai

最黑暗的时代

(苏)米·伊林 著 李辉 编译

上海科学普及出版社

图书在版编目（CIP）数据

最黑暗的时代/（苏）米·伊林著；李辉编译.—上海：上海科学普及出版社，2015.1

（世界科普巨匠经典译丛·第五辑）

ISBN 978-7-5427-6280-1

Ⅰ.①最… Ⅱ.①米…②李… Ⅲ.①科学知识—科普读物 Ⅳ.① Z228.2

中国版本图书馆 CIP 数据核字 (2014) 第 240979 号

责任编辑：李 蕾

世界科普巨匠经典译丛·第五辑
最黑暗的时代
（苏）米·伊林 著　李辉 编译
上海科学普及出版社出版发行
（上海中山北路 832 号 邮编 200070）
http://www.pspsh.com

各地新华书店经销　北京市房山腾龙印刷厂印刷
开本 787×1092　1/12　印张 14.5　字数 176 000
2015 年 1 月第 1 版　2015 年 1 月第 1 次印刷
ISBN 978-7-5427-6280-1　定价：23.00 元

本书如有缺页、错装或坏损等严重质量问题
请向出版社联系调换

目录
CONTENTS

第01章 谁有能力统治宇宙

敌和友　　　　　　　　　　002

旧和新　　　　　　　　　　005

已经认不出的熟悉地方　　　007

脑和手　　　　　　　　　　015

哲人之路　　　　　　　　　022

科学告诉你它的用处　　　　028

把死的东西重新复活　　　　040

与命运抗争　　　　　　　　042

第02章 "征服者"罗马

主人与奴隶　　　　　　　　046

人与兽　　　　　　　　　　054

奴隶的反抗　　　　　　　　059

犹太与罗马是一场弱与强的战争　065

一所严厉残酷的学校　　　　070

后世的审判　　　　　　　　072

第03章 "世界中心"的困惑

人类在海洋和千年时光中前进　080
在世界上空飞翔　082
巨人为何减慢行进步伐　091
人咒骂他曾寄予希望的科学　098

第04章 智慧，忽暗忽明

最后的那些罗马人　108
科学在修道院间流亡　115
世界重新变狭窄了　118
东方还在"发光"　123

第05章 安泰"巨人"

新的人物开始登场　128
乘着船去周游世界　133
俄罗斯文化教育的开端　137
"金门"旁的图书馆　144

第06章 如何制造太阳

东方那些财富 　　　　　　　　　150

哈里发宫殿与书铺　　　　　　　156

此时，西方怎么样了　　　　　　166

第01章
谁有能力统治宇宙

哪个侵略者成了统治宇宙的人？他们都想征服世界，可是谁也没能真正征服这个世界。因为世界远比他们想象的要大很多。所有所谓的"世界王国"，在广袤的地球土地上，都只是占据了很小的一方土地。况且，他们能称霸多久呢？

敌和友

本书不是讲述人的历史，我们的目的是讲人如何前进，如何移开他们世界周围的"围墙"。也许我们会把故事讲得很长，目的是看清楚人前进路上的那些"石子"和"树木"。可是如果一直这样慢慢讲，我们就会只看见树木，却看不见森林了。

你可以去读一读人类历史，乍看之下，它就是一串无休止流血的侵略战争史。亚述人、巴比伦人、波斯人和埃及人的国王们，出于征服世界的目的发动过多少次的战争啊！他们在庙宇的墙壁上题词，郑重地预先宣告说，他们就是"世上四国之王""万国之王""天下之主"。

他们脚步向前，使不毛之地变成人山人海、车水马龙的地方。闸门打开，江河通过闸门，自由自在地奔腾而去。混浊的水带来泥沙，城市被掩埋起来，沙丘留在了曾经的城市上，就像坟墓一样。

那么，哪个侵略者成了统治宇宙的人？

亚述国国王吞并了所有的邻国——从连绵的亚美尼亚山地到水流湍急的尼罗河险滩，从埃兰到塞浦路斯。波斯国的国王们将国土一路延伸，西到色雷斯，东达印度，北至黑海，往南一直到了阿拉伯。马其顿的亚历山大国王占领了波斯、巴比伦，也占领了埃及。

他们都想征服世界，可是谁也没能真正征服这个世界。因为世界远比他们想象的要大很多。所有所谓的"世界王国"，在广袤的地球土地上，都只是占据了很小的一方土地。况且，他们能称霸多久呢？

"世界王国"才刚成长，便又四分五裂。在这些碎片上，那些血腥的、毫无意义的称霸世界的事业又开始了。可是即便在这充满敌意的时刻，宏伟的生产建设工作并没停下过。

大海上，有船舶在口岸之间行驶。陆地上，有商队在山地和沙漠间走过。石匠、农夫、矿工和铁匠们在不停地埋头干活。他们用土地取得财富——在"铜岛"塞浦路斯，他们开采铜；在"黄金国"努比亚，他们开采黄金；在"银山"托罗斯山，他们开采白银；在腓尼基、雪松盆地，他们采伐木材用以造船；在波罗的海、在琥珀海岸，他们采琥珀；在不列颠、在锡岛，他们开采锡。

织物、金属锭、纸莎草纸卷和碗杯被装上建造得坚固的船只上，或者被骆驼驮着，在水路或陆路上旅行。在爱非斯通往苏萨的大道上，波斯驿使带着邮件，比鹤还快乐。包裹和信件在驿使之间传递。当上一个驿使尚在客店里从汗湿的精疲力竭的马背上拿下马鞍时，另一匹马已经在路上了。即便是早晨刚从爱琴海捕捉到的供给国王的鱼，到不了晚上，也可以鲜鲜嫩嫩地到了波斯国的另一端——苏萨。

信息和东西、信仰和风俗、传说和言词在国家之间传播。时间、长度和重量的量度、月份和日子的名称，也随着字母，一起从这个民族传到那个民族。巴比伦金弥那演化成了磅，两倍巴比伦肘尺比一米长几毫米。东方传来了钱币，最先开始铸造钱币的是吕底亚人，他们在小亚细亚。邻国人全都称他们是"商人的小民族"。"切克"是波斯语词语。罗马的"夸德兰塔尔"恰恰等于俄国的"切特维利克"。园艺家培育出的果树和工匠发明出的武器，也从一国传到另一国。我们身边能看到的一切事物上，我们自小习惯用的、熟悉的每一样东西上，都有一条一直连通到远古时代的线。

现在我们掌握着的财富和被称为"文化"的东西，都是各族人民在世世代代劳动中创造的。

▲驿使

谁有能力统治宇宙

各族人民伸出彼此的手。这一民族缺乏之物,正是那一民族拥有之物。这一民族不知道和不会做的事情,正是那一个民族知道和会做的。

劳动创造财富。但是有勤勉精巧之人的地方,也会有爱依赖别人生活的人。侵略者在地面上搜寻着,他们不需要土地,他们需要的是可以耕种土地的手。千千万万的人被他们杀死,剩下来的人被他们驱作奴隶。杀死人能得到什么呢?活人却能被迫劳动。他们最想要的战利品,不是金子银子,而是奴隶,在埃及人的口中,他们被称为"活着的死人"。

劳动越发强有力,战争也越发激烈了。这就像"奖章的背面"[1]。战争和劳动关系密切,奴隶的劳动锻造了剑,剑却被用于得到新的奴隶。奴隶造好了战船,他们铺设好了侵略者将走过的道路。

▲亚历山大大帝

那些侵略者们利用剑的威力,征服了一个个国家,他们都觉得自己是全天下的国王。但是,难道仅仅依靠剑的威力,就能让各族人民长久团结吗?有个关于马其顿国王亚历山大的传说。据说有一次,他用剑斩开了一个谁也无法解开的死扣。用剑,只能斩断它,却不能解开它,亚历山大其实非常明白这个道理。为了将各族人民相对牢固地联结起来,他便让各族人民去互相结亲。他让成千上万士兵娶波斯女人为妻,就在同一天里,他自己也娶了波斯国王的女儿。这在全部历史之中,也是规模最大的一次婚礼。

曾经有个哲学家叫第欧根尼,他称自己是宇宙的公民。亚历山大却想成为宇宙的神和统治者。他定都巴比伦,并令埃及祭司宣告,称他是"太阳神

---

[1] 意思是指事物坏的一面

阿蒙之子"。上千希腊人因他的命令移居到了亚洲。在他的征途中，他建起了多座叫同一个名字"亚历山大里亚"的城市。在新的城市中，当时的生活也同以前大大不同。

旧和新

雅典在以前被人们认为是一座大城市。雅典不只是座城市，它还是一个拥有上万所房子的国家。可是一段时间之后，这个城市就显得摩肩接踵、拥挤不堪了。有数不胜数的货物经奴隶之手创造出来，可是在城里，已经没有足够多的买主来消费了。多余的货物急需被运送到海外去，可是在港口，船主要停泊的话，就算不卸货，也要纳税。关卡到处都有，甚至有住在港湾沿岸的居民把狭窄的港湾故意隔断开，外国商人就算是心里不愿意，也不得不靠岸付钱。

就算是在本国最有声望和最有钱的人，到了外国的城市里，也只是一个毫无权利的异国人。他们没法给自己置田产、买房子，还必须从当地居民中选出一个保护人，才能使自己的财产、权利得到保护。

商人中，开始有人派出商船去航海和多个城市做生意。各个小市镇都有自己的货币、自己的税关，他们需要自己逐一去对付外国的法律，让这些商人感到很吃力。出于从事更大规模商业活动的需要，这些富商开始希望自己的国家疆域更加辽阔，最好是拥有很多的地区和城市。

▲ 繁忙的港口

▲马其顿国王腓力塑像

从事针对商人们发放高利贷的人以及拥有大作坊的人,也希望能扩大疆域。那些大作坊,有着上百的奴隶,制造的商品不仅供应本地市场,也面向那些远方城市里的强大市场。

要扩大国家疆土,就要进行侵略战争。而发动侵略战争,也是为了占领这些国家后,掠得奴隶和铜、铁、羊毛、皮革等原料。

于是侵略的大军出发了。雅典舰队在亚尔西巴德[1]的率领下进军西西里了。他的目的是统一西部及东部希腊的城市,但结果是,雅典人的进军失败了。很多年之后,马其顿国王腓力开始进行统一所有希腊城市的事业,这份事业被亚历山大继承了下去。后来,亚历山大的国家开始分裂,但是分裂后的几块土地都不算小。埃及、马其顿、叙利亚都不再是以前的小小城邦,都成了幅员广阔的国家。

为了对外侵略、建立大国,为了保护奴隶主们的财产以及保护现有的制度不会被反抗的人们推翻,统治阶级需要强化权力,他们恢复了君主专制制度。马其顿、叙利亚和埃及都在国王的统治之下,人们像敬神一样尊敬国王。

国家制度是新的,哲学也要新的。必须让人们将"服从权力"当作最崇高的社会美德,要让人们明白国家由少数人统治的科学性,人民和统治者就好像羊群和牧人,人民应当按照统治者希望的那样思想。让人们回头重新去信仰神,宣称是神给予了国王权力,这是唯一的解决办法。必须指出,科学已经被人类引进了一条死胡同,真理也掉进了陷阱。人类抛弃了新科学,重新回到信仰神和虚幻的灵魂世界的时代。对于哲学,这就是后退。

---

1 亚尔西巴德(公元前450~公元前404年)是雅典的政治家和将军

阿那克西曼德、阿纳克西米亚、泰勒斯、赫拉克利特、德谟克利特、阿纳克萨哥拉等人都是人类前进之路的标志。而苏格拉底和柏拉图,以及他们的继承者们,则是一种后退。至于亚里士多德,尽管他的著作能找到整页对德谟克利特的引用,他也在后退。

但是历史不会回头,人们要恢复父辈们的制度和信仰。可是"父辈的信仰"并不是柏拉图哲学,"父辈"率直天真地相信诸神是存在的,却并不想去证实。可是柏拉图却用自己的学说来定义科学的外貌,以便令它可以和真正的科学相斗争。

"父辈"们也没讲过善是什么,恶是什么,他们只是知道,善就是展行神的意志,恶就是破坏了这个意志。苏格拉底却想如同科学家证明数学定律一样来证明道德规范。乍一看,苏格拉底的理论也许是和旧宗教抵触的。这也就难怪苏格拉底被人们控告,说是他在教唆人们信仰新的神了。

新的制度,新的信仰,这些都和以前不尽相同。"父辈"的时代,世袭贵族统治国家,现在,高利贷者、生意人和最富有的在全世界做生意的商人也都成了显贵。从前,别国的人会受到城里的人的敌视,现在却有了包容所有别国人的城市。不论是埃及人、腓尼基人还是希腊人,所有人都是自己人。

在亚历山大里亚,只需待一段时间,人们就会发现,这里的新生活与"父辈"那种生活是多么不同啊!

已经认不出的熟悉地方

曾经有一个时期,埃及人觉得埃及就像一个小房子一样狭窄,大海则是一道墙壁,人无法逾越,他们将别国的人看作是"魔鬼的儿子",是仇敌。现在,大海却像是一扇通往宽广世界的大门,它开启了。紧挨着这扇门,有一座城市出现了,它成了"世界的中心"……

还要很远才到亚历山大里亚,在一片汪洋咆哮的海洋之中,水手们已经

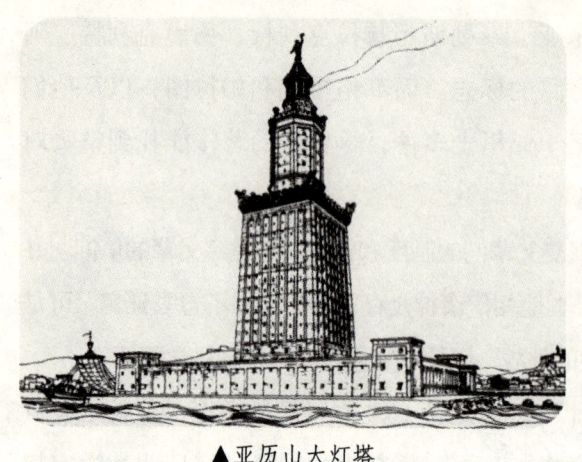

▲亚历山大灯塔

敏锐地看到了灯塔,那灯塔就在远方,正从水面上越升越高。已经可以看见,它就伫立在另一座较高的塔上。海风吹拂船帆,上百副船桨轻快地划动,拍打起无数水花。水手们不觉得船在前进,只觉得塔在向他们漂来。"海的主人"波塞冬正在塔尖上挥动三尖叉,迎接来自外国的客人。

在世界的各个角落里,有上百艘船在向着亚历山大里亚驶来。港口显得摩肩接踵。轻便小巧的桡船有三层,边上的大船却承载着上千吨的粮食。但是,它们和国王那有很多层的船相比,也是十分渺小。那水上宫殿十分华丽,有四副舵,划手有30排,桨和船桅一般长。外国客人无不惊讶叹服。有很多船进入港口,也有很多船正准备驶出,很容易看出,比起驶入的船只,这些驶出的船只更重。从这些船吃水深,转身慢,便可以想到它们装载的货物有多重。

来自外国的客人终于上岸了,立刻混入了各色的外国人群之中,难以分辨。在这里能看到有犹太人、希腊人、波斯人、罗马人和腓尼基人。喏,这黑人来自象牙和黄金之国的努比亚,喏,这位白胡子族长来自"香料的故乡"阿拉伯。

在这儿,人们讲的是哪个国家的语言呢?也许该问的是,在这儿找不到哪一国的语言。亚历山大里亚城是有它自己的语言的,这语言里也吸收了各种外国的词汇,有埃及语的,有犹太语的,也有希腊语的。

世界究竟扩大了多少?在这儿,你会亲身体验到。因为海路,亚历山大里亚与美奥齐亚湖(今亚速海)沿岸的潘底堪帕姆(今刻赤)被连接在一起,也与雅典、拜占庭、迦太基、马西里亚(今马赛)、叙拉古连在一起。

西方和东方经尼罗河连在一起,广阔的运河又把尼罗河和红海连在了一起，船舶经尼罗河向亚历山大里亚航行，向地中海航行。调味料和香料，鸵鸟羽毛和象牙，印度的战象和钢等，都由东方运来。彩色玻璃杯、希腊花瓶、手镯、珠子和铸有托勒密一世像的埃及金币从亚历山大里亚运到东方、运到中国；而经过沙漠和海，中国来的描画花瓶和色彩丰富的丝绸也被运来了。

在东方，中国人也在劳动，与大自然斗争，垦荒地，开沟渠，建设城市，用石头铺路，在河上架桥。在亚历山大建立了他的庞大帝国的同一时期，在东方的中国，秦国国王征服其他公侯，统一了中国，自称为"秦始皇"。后来的人以"秦国"称呼中国，就是因为这个原因。

70万的奴隶和农民建造了秦始皇的京城——咸阳。沿着河两岸，他们用珊瑚木、香樟和冷杉建造了宫殿。河上架起的有廊的桥将两边的宫殿连了起来。下雨的时候，皇帝和他的侍从们可以从走廊上穿过，绣金的衣服却不会被滂沱的雨水沾湿。

建造这座供给皇帝居住的京城，耗费了巨大的人力物力，但是比起给皇帝修建的死后的住宅——坟墓，还算是容易的了。骊山被认为是神圣的，所以被改成了皇帝的陵墓。河床被排干改成陵墓的地道。工匠们以宇宙为模型建造了皇陵。他们以青铜浇铸出地板，上面做出凹凸的平原山岳的图案。天花板则是按照苍穹的样子建造。河床上有水银，有精巧的装置促使它滚动。许多宫殿模型沿着水银河的两岸排列。

这样的宫殿，不靠广博的知识是建造不出来的。那时候的中国，不仅工匠值得称道，科学家更值得自豪。这个国家里，大著作家、大天文学家和大建筑师是头等人物。

当苏格拉底、阿纳克萨哥拉、德谟克利特在希腊那边讲学时，东方的中国也有他们自己的大哲学家。预言日月食，是大天文学家们的首要任务。如果他的预言是错误的，就会被判处死刑，因为他们认为，错误的预言可能会引起上天对皇帝和整个国家的迁怒。自古以来，每一次的日月食，都被当作是一个重大事件，被记录进竹片订成的书——竹简里。

中国的墨子写了文章讨论有关认识的问题，论述了人们的思维方式以及正确和不正确的推论之间的差别。他还提出了什么是能量和物质，运动之中的物质，就是能量。墨子号召人们对压迫和非正义进行反抗，他向人们揭示出贵族的浪费挥霍和无耻荒淫，他反对不正义的战争，痛心战争带给人们的灾难。他的观点是，拯救人类的唯一办法是普遍统一。哲学家墨子还是一名工程师，为了保卫城堡，这位伟大的工程师设计出抵抗攻城云梯和其他破城武器的方法。人们提及他时都说："就算是要他献出身体上的一整块皮肤，为了国家他也愿意。"

那时的中国除了墨子，还有很多大哲学家。有一个哲学家老子，认为世上的万物都是在运动的，万物都处在不停的变化中；万物是由单一演变出来的，也最终都会归于单一。他说，作为真的哲人，不应留恋一时的幸福，应该放弃俗事。还有哲学家是列子，他向人们描绘了一个没有压迫也没有强权的理想之国。

亚历山大里亚的商人在旅途中第一次听到的那个世界，就是这个样子。

▲墨子

在中国也得到了最早的关于西方的遥远世界的信息。

遥远东方的中国人也早就明白了，他们的疆域广阔，却还不是大地的全部，他们向西走，越来越远。张骞是中国皇帝派出的使者，他带着他的队伍向西走，走过了蒙古及东土耳其斯坦的沙漠，他所发现的地方，是他家乡的人从没听过想过的。中国的军队开到了里海，中国的僧人和商人到达了印度。

对希腊人来说，世界东方边缘的地方，就是中国人认为的世界西方边缘了。两个世界曾被沙漠和山脉所隔开，现在它们相遇了，并且开始互相了解。认真地研究着希腊描花花瓶，中国的那些艺术家自言自语说："我们可以向这些外国人学习很多。"他们眼中的世界在向西方扩大着。

人们曾经认为世界的边缘就是大海，而现在这道边缘被跨了过去。走过赫拉克利特柱子，他们向北方远航而去。发现不列颠的是来自马西里亚的水手——毕特阿斯。这位"古代的哥伦布[1]"回来后讲述说，过了不列颠他们又航行了六天，发现还有另一块土地——图勒岛[2]。于是，图勒岛取代了赫拉克勒特柱子，成为了人们眼中的世界边缘。

在亚历山大里亚，作坊里，锻冶匠将不列颠的锡与赛普路斯的铜熔在一起；市场上，妇女们购买了来自厄尔巴沿岸的琥珀，琥珀有个好听的名字——"凝结的河神眼泪"。一条由亚历山大里亚港通往城里的路经过了许多商店和作坊。这座城是按照一定的计划修建的，而不是自己随便成长起来的。彼此垂直交叉着的两条大街，都宽50步。别的街道也很宽，街上有驰骋的骑马人，也有马车在奔跑，他们自由自在地奔走却不会妨碍到别人。

城里的街道名称也是用全新的方式依字母来命名的，如伽马、阿尔法、培塔[3]街等。庙宇和宫殿占据了全城差不多1/3的面积。和以前一样，庙宇的墙壁上点缀有很多象形文字。但是，城里最大的庙"塞累彼翁"供奉的并不是古代的神。这座庙宇供奉的是新的神"塞累彼斯[4]"，塞累彼斯是亚历山大里亚这个多种族城市的保护神。

亚历山大里亚流传着一个传说。托勒密国王曾做过一个十分奇怪的梦，梦里，有一个高挑漂亮的青年人对他说："我在本都[5]，你尽快派船来接我吧。"

1　哥伦布（1451~1506年），是意大利的航海家。在1492年横渡了大西洋，后来又进行三次航行，曾到达南美洲、中美洲沿岸及一些岛屿。

2　图勒岛，是古代所说的世界最北地区，有认为是指冰岛的，有认为是指设得兰群岛中最大的岛——梅恩兰岛的，也有认为是指挪威的。

3　伽马、阿尔法、培塔是希腊文里三个字母，γ、α、β的译音。

4　塞累彼斯，为古埃及的下界的神。

5　本都，原本是希腊语音译，意思是"海"，是建国于公元前4世纪的奴隶制国家，位于黑海东海岸，公元前183年，定都锡诺帕。

醒来后,托勒密将他的梦告诉祭司们,但是他们根本不知道这个地方。就在托勒密忘记了这个梦的时候,那个年轻人又回到了他的梦里,在他的面前,重复那个命令。

▲托勒密

托勒密只好派人去请教特尔斐神谕,想知道这种幻想的意义。神谕解释道,托勒密梦里的那个青年,是美的神,住在锡诺帕城里。于是,托勒密赶紧派了船去,可是,锡诺帕的国王并不愿意将神像交给外国。就在这个时候,那巨大的神像竟然从庙宇里自己走出来了,上了船,在仅仅三天时间里,就到了亚历山大里亚。在这个有着很多不同种族的亚历山大里亚,竟然连神都是来自远方的客人。

在埃及的这座城里,所有人都是从外国来的。在这里,统治者并不是埃及人,国王托勒密是希腊人,他的前辈是亚历山大的一位将军。亚历山大里亚的居民中,埃及人远没有希腊人多。若在以前,无论如何埃及人也不会愿意与希腊人同桌吃饭。而现在,在亚历山大里亚城里,希腊人成了半个埃及人,埃及人也在很多事情上仿效着希腊人。

托勒密国王自称"法老",还将埃及名字加在自己的希腊名字上——"索特普·尼·赖·弥阿蒙",意思是"赖神选定的人,阿蒙神心爱的人"。希腊人供奉奥西里斯神,埃及人将自己的普塔神[1]叫作赫菲斯托斯,称托特神为赫尔墨斯。就这样,在这个全新的城市里,不同民族人民的风俗习惯、名字、语言和信仰在彼此融合着,若在以前,不但它们曾被海洋分隔开来,而且它们还被相互之间难以消解的敌意分隔开来。

---

1 普塔神,是古埃及孟斐斯的丰神。

世界的中心是亚历山大里亚，在那里，镜子可以反映出世界的样子。

可是就在不久之前，水手们不是还在讲着有关那些稀奇的地方和稀奇怪兽的传说吗？现在，王宫旁边就是动物园，每个人都可以去。人们可以看到很多鲜活而非虚构出来的"怪物"，有从热带非洲来的巨蟒、大象和长颈鹿。亚历山大里亚不只有动物园，还有植物园，这应该也是全世界第一个了。在潘神[1]小林里，生长着很多新奇的植物，也许连森林之神潘神在希腊也没见过。

有几十万卷纸莎草纸卷收藏在亚历山大里亚图书馆里。这些书，光是目录就长达120卷，人们称其为"全部知识领域闪耀着光辉的巨著的目录"。著名科学家埃拉托色尼[2]在图书馆担任主任。

在阿卡德米亚学园，柏拉图曾有很多学生，在吕克昂亚里士多德有更多的学生。但是不管是阿卡德米亚还是吕克昂，都无法和缪斯神庙——亚历山大里亚的博物馆相提并论。过去，人们建造庙宇是为了供奉神。现在，他们建设起富丽堂皇的庙宇，只为了表示对科学的崇敬之情。很多城市的科学家应国王的邀请住在缪斯神庙里。除了研究学问，他们几乎不用操心其他的事情。国库供给了他们旅行、做实验和工作所需要的一切。这些科学家们，每天午饭后就开始一起探讨科学问题。

统治着埃及这个强大的国家，埃及国王托勒密很清楚地知道科学就是力量的道理。他知道，建造堡垒、船舶和作战武器需要机械学和数学；航海需要天文学；治疗疾病则需要医学。托勒密国王慷慨地赏赐哲学家、科学家和诗人。哲学家用理论证明他统治的合法性，称国王的权力是神给的。科学家可以帮助他提升军事威力，为他增加财富，诗人则不吝惜歌颂他。

在以前，自然科学和哲学是一个整体的，希腊最早的哲学家也曾研究大自然。但是在亚历山大里亚，哲学和自然科学早已经分离开了。"哲学是科学至上的科学"，哲学家们依然坚持着这个观点，但是，他们已经没

---

1 潘神，是希腊神话中的畜牧神，住在山林里，保护猎人、牧人。

2 埃拉托色尼（约公元前275~公元前194年），是古希腊数学家、天文学家、地理学家和诗人。

有这样的权利了。他们脱离了生活,却总想彻底认识真理。他们不懂,认识世界是一件需要无数代人努力的事情,不可能依靠单个个人完成。他们想将科学归入他们的模式之中,可是这样做只会阻碍科学进步。机械学、天文学以及其他自然科学学科在成长、发展,与此同时,在亚历山大里亚,哲学在逐步衰落。

亚历山大里亚的哲学家里,继承柏拉图的人最多,他们得到了国王的保护。比起柏拉图时代的雅典人,托勒密更重视柏拉图,柏拉图也可以满意了。但是信奉德谟克利特的人却并不受欢迎。在亚历山大里亚图书馆里,德谟克利特的著作被冷落在角落。平等拥护者和无神论者德谟克利特的理论是不称当权者的心的。有的数学家或者物理学家为了解释自然现象或者演绎定理,会想到偷偷去看看德谟克利特那些书。

博物馆,按照创立它的人的想法,成了一个更大规模的宣扬柏拉图哲学的阿卡德米亚学园。但是这个博物馆,并不与柏拉图的阿卡德米亚很像,与亚里士多德的吕克昂也不相似。以前,吕克昂的科学家读书、观察和讨论,却很少用实验检验思想。但是在这个博物馆里,人们不仅用脑想,也用手实验。他们的工作包括了称量、测量、溶化、混和煮沸等。这里的桌子和书架上面,有纸卷书,也有仪器。

这些天文学家,不仅靠着抬头仰望星空的观察来进行研究,他们还依靠着观象台里设置的诸多测量工具。喏,那个是"浑仪",就在那边的大理石画柱上,它由两个青铜环组成。喏,那个用大理石壁雕刻成1/4个圆形形状的仪器,就是四分仪。这里还有"浑象":有四个青铜环在它的里面

▲浑天仪

旋转着，它们在显出天体的运行规律。而这里还有个仪器，叫"观象仪"，天文学家可以用它来"找出恒星"，确定恒星的位置，因此也叫"找星仪"。

在这个博物馆里，研究人员们敢于从事在古代被认为是禁止做的事情。图书馆里，荷马的诗正被学者们修正着，他们认为荷马的诗篇《伊利亚特》和《奥德赛》中有的诗是伪造的，甚至有人在质疑历史上是否真的存在过这个荷马。

医生赫罗菲拉斯不怕有人用亵渎宗教的罪名控告他，在解剖室内，他解剖着人的尸体。于是他发现，很多事实与之前人们想的有很大差异。人类的动脉里充满了血液却不是空气，而人的大脑才是人类思想的住所，而非心脏。早在恩培多克勒时代，阿尔克梅翁——克罗顿的医生就推测到，动物的运动受到大脑的控制。阿尔克梅翁仅仅解剖过动物，可是赫罗菲拉斯，却解剖了人类的身体，这可是违背了古代禁令的。相比希腊，这个事情在埃及是比较容易解决的，要知道，自古以来埃及人就是用香料来保存尸体的。

还有，这里有实验室。那里装备着铜球和铜锅，用弯曲的管子连接着。亚历山大里亚的博物馆，是一座依靠实验为基础的科学堡垒。在过去的三个世纪里，如果没有哲学家们去思索与大自然有关的事情，便不会出现这种科学。几千年来，如果没有铜匠、铁匠、玻璃匠和陶工在锻冶铺和作坊里辛勤劳动，便也不会出现这种科学。

脑和手

过去的几万年，人类的双手训练着大脑。技巧扩充了智慧，人的手越发灵巧，人的头脑也变得越发聪明，人变聪明后也就开始经常地去从事管理性的工作了。

仅靠人的双手是无法抬起巨大的石板的，可是为了建造金字塔或者庙宇，人们需要石板。于是大脑命令手，在石板下面放上一根杠杆。可是，杠杆只能用来将石板抬起，却无法让石板到上面去，怎么办呢？没有头脑，真的不行。聪明的大脑想到了斜面。它建议用一根圆木垫在石板下面，因为拖动当然不如滚动那么容易。但是，建设出一条倾斜的路来从事起重工作，也是一件很复杂、很麻烦的事情。于是，头脑再次发挥作用，找出了一个全新的更简便的解决办法——发明了滑轮。用绳索绕过滑轮，就能更容易地提起重物。如果将重物再挂在另外一个活动的滑轮上面，从前用两个人都无法抬起的重物，现在用一个人就能提起了。但是，人们觉得这还远远不够：于是在重物和手之间，他们会放上更多的滑轮。人的力气随着滑轮数量的增多而变得更大，在以前只有巨人能提得起来的笨重的东西，现在普通人也能不费吹灰之力将它提起来。

人的头脑帮助手解决难题，但是手并不准备让头脑休息，它们不断地提出更多的新问题，希望头脑帮助解决。光凭人的双手，很难把水从河里取出来去浇灌田地。于是，头脑就发明出装有桔槔的井来，方法是用一根长杠杆来提起水桶。可是人们希望有越来越多的水，手却无法单独实现这个目标，于是聪明的大脑设计出了辘轳。人们将设计成把手一样的杠杆装在一个轴上，轴上连着绳子，绳子上系着水桶，手转动杠杆，轴就转动了，连带着绳子放下、绕起，水桶就得以自己下去灌水，带水上来。装辘轳或者装桔槔的井，都是神奇绝妙的新事物，在以后的几千年里，它们将一直存在。

但是，人们对水的需求一直增长，取水的活儿越发显得繁重不堪，况且用人操作设备取水还需要事先训练，所以，头脑就开始想办法，想研究出完全自动的取水方法，解放双手。它想到了四条腿的牲畜，那些牲畜长久以来已经习惯了拖拉重物。辘轳的杠杆上套上了马，马绕圈走时带动杠杆跟着转，于是相连接的齿轮也跟着转动，带动系着水桶的轴。马代替人的手来完成取水的工作，人的手摆脱了出来。从马那里解放出来的双手，并没有闲着，它们得去干更加繁杂的事情，切削出齿轮的齿，把轴车圆等等。

人的头脑开始解决越来越难的问题，可是人的手也开始去干越来越精密细致的工作。成功地令马从河里汲水后，人又开始琢磨，是否可以不用马。何必用马呢？河水就不能一边流一边自己汲水浇田吗？于是大脑给手布置了一个全新的任务：去做一个轮子，这个轮子要可以放在河里自己汲水。奔流的河水在河床里遇到了障碍——装在轮子边缘的叶片，河水流过，推动叶片，这正是人们需要的。叶片被水流推动，轮子就转动了，于是，水就被轮子汲到了上面去，到了上面，水又自动倒在了水槽里。

河水灌溉了广阔的田地，田地里长出来茂盛的谷物。秋天到了，该收割庄稼了，现在人们已经从麦穗中打出了麦子，所要做的就是碾麦子了。在过去，碾麦子靠手，手磨很小，只能用手慢慢磨，若只是为了供养一个普通的农民家庭，这也足够了。但是，如果是有整批的军队要养活，或者是有一个亚历山大里亚城那样规模的城市需要供养，面包房就需要一下子拿出很多面粉来进行供应，这样，靠传统的手磨就显得杯水车薪，这就不得不需要极重的碾石和极大的磨面机了。而这样的碾石，又怎么能光靠手来推动呢？于是人的头脑就又开始想办法了。经过无数次的试验，人们将最终确定合适的杠杆装在了碾石之上。那杠杆形状很奇特，就像是一只长把手，用手，不仅是两只手，就是有4只、6只、8只手也都可以抓住它。奴隶们靠在杠杆上，用胸顶在杠杆上绕着圈子向前推，那个又沉又重的碾石就转动了。

可是，随着对面粉的需求，碾石变得越来越大，现在，靠8只手一起上阵也难以应付了。人们不得不开始重新思考，推碾子是不是也可以像汲水一样，不用手。人们又想到了马。人们将马套在了横杆的前面，习惯了干重活的马匹顺从地开始转着圈子碾石，面粉被磨出来，而人，则只需要挥动鞭子催促牲畜就行了。

后来，碾石又变得越来越大了。现在，就是三匹马也没法拉动那巨大的碾石了，怎么办呢？别忘了，人们早就有了一个力大无穷胜过牲畜的工人——河，并且人们此时已经把它驯服了。水轮上的水斗被人们拆了下来，轮子上只剩下了叶片。流动中的河水推着水轮动，轮子转动带动了轴转动，于是，

▲水磨

齿轮在轴的转动中也动了起来。这只齿轮转动,会用齿带着那一只齿轮一起转,而那只齿轮上,转着另外一个轴,那轴上,就带着一个碾石。情况就是这样的,就像民间的那些古老故事里所讲的一样:孙女儿拽着老婆婆,老婆婆拽着老公公,老公公则紧紧抓着萝卜,就这样拉着拽着……终于,那萝卜被拔出来了!就像我们那圆圆、笨重的碾石,终于动起来了,开始转动,磨出面粉。

可以想到,当第一台水磨能够成功工作的时候,那时的人们是多么欢欣雀跃,简直称得上是一个节日了。奔腾的河水撞击着轮子,白色的水花活泼地跳跃起来。那白色的面粉,就如同是云雾一般,就笼罩在碾石的上面。河水哗哗的声音、齿轮咯吱的声音相互应和着,人们一片欢腾。这样嘈杂喧闹的声音,在那些农妇们的耳朵里,却如同天籁,她们太高兴了。比起以前靠双手慢慢推着手磨的那种凄凉的咯吱声,还是这个喧闹的声音更让她们兴奋愉快。甚至就连诗人也对水轮充满了敬意，他们的诗中写道："辛劳的妇女们，你们的双手可以休息了！你们可以安静地睡觉了。雄鸡报晓，别去理它。你们的工作自有河泉女神帮忙。河泉女神在轮子上敏捷地蹦跳着，沉重的碾石正被轮子转动着。"

水磨帮助人们从事着艰难辛苦的工作，这让他们很高兴。但是这些古人们并没有意识到，他们发明创造出的水磨，将成为一件具有无穷魔力的机器。后世的人们又创造出数百种的机器，但是那些机器，都要拜水磨为祖宗。后来的那些机器，不但有磨谷物的，还有会织布的、会锻铁的、会粉碎矿石的等等。这一点，古人们可曾想到过吗？那些机器代替人类从事劳动，并且它们为了帮助人类更好地劳动，会供给人吃饭穿衣，在不同地方之间运送人类，甚至带着人在天空中翱翔。

其实，曾经有过一个人，身处古代，却在想象之中创造出未来机器。那个人就是亚里士多德，他在著作曾写道："假如我们能做出会自己织布的梭子，就像是传说中代达罗斯能创造出的自己劳动的机器，那该多好啊！如果劳动工具都能够按照人类的命令、或者自己能够主动地从事劳动，那么工匠们就不需要徒弟了，作坊主们也不需要奴隶了。"

人们对魔力这个事物的幻想是自古以来就有的。关于魔力这个东西，每个不同的民族都有着各自的童话。我们这边，人们在谈论着能自己凭空变出宴席的台布，能够自己去砍东西的斧子，还流传着有关能自己飞起来的飞毯的传说。在希腊那边，人们认为，铁匠的祖先是古代神话故事里那个神通广大的"匠师"代达罗斯。按照希腊人的说法，是代达罗斯发明了船帆、船桅、斧子和锯子。代达罗斯曾经修建起一座迷宫，就在那克里特岛上。传说里，他将鹰的羽毛用蜡粘在一起，做出了一副翅膀，那翅膀带着他和他的儿子一起飞上天空。乘着翅膀伊卡洛斯在天上越飞越高，可是，炙热的太阳将蜡晒化了，那巨大的翅膀散开后，伊卡洛斯便坠下掉进了大海里。传说中，代达罗斯还发明创造出很多其他的神奇物件，它们全都像有生命一样，自己会动。

事实上，人们不只是在神话里畅想着魔力，他们也在尝试着动手做出那些具有魔力的事物。他们要创造出木头做成的、石头做成的、铁做成的任劳任怨的工人，需要这些顺从的工人来代替他们浇灌田地、提起沉重的物体、攻打防守森严的堡垒。于是，出现了越来越多的代达罗斯的后人。现在已经不仅仅是雕刻匠、木工和铁匠认为自己是"匠师"的后裔了。

在亚历山大里亚，在叙古拉，都有着各种不同行业的匠师。"复滑轮匠师"擅长的是做滑轮组，那是一个由很多的滑轮合并组合而成的一个复杂的机器，如果人们想在从事建筑活动的时候将极其沉重的石头吊起来，他们就要求助"复滑轮匠师"了。"机器匠师"，则是负责建造水磨的，这种设备使人们得以从深处汲上水来。"弩炮匠师"则能造出射程很远的弩炮，那弩炮可以将石制和铁制的炮弹打到很远。什么匠师都有，还有匠师是专门负责创造奇迹的，他们被称作"奇迹匠师"。亚历山大里亚城里，庙宇里充满奇迹，庙门会自动地开启和关闭，青铜的祭司塑像能自动点燃祭坛上的火，每到举行典礼的时候，铜嗓声音洪亮，号召人们去庙宇去做祷告。这一切都归功于"奇迹匠师"们。

事实上，研究利用机械学原理的人，不只有匠师们，还有别人。早在柏拉图尚住在意大利南部时，他的朋友阿尔凯塔斯就对滑轮的性质进行过研究了，阿尔凯塔斯出生于塔愣塔姆，是毕达哥拉斯学派的学者。有一本与机械学相关的著作，相传是亚里士多德本人或者是他的某个学生写作的，书里面讲到了齿轮、复滑轮、杠杆、秤。书中介绍，对于齿轮来说，转动了第一只，那么第二只、第三只也就相继转起来了。

阿基米德作为叙拉古的工程师及数学家，不只是发明了作战武器和建筑机器，他同时也发现并总结出了一些力学上的定律。

希罗[1]是亚历山大里亚的发明家、数学家和机械学家。他曾创造出"自动机"，并因此写了一本著作，介绍"如何利用水、土、空气和火来创造出能

---

1 希罗（公元1世纪左右），是古希腊的机械学家、发明家和数学家。

帮助我们劳动的各种装置"。希罗在他其中一本著作的开头写道:"机械学家们和哲学家们向来都很重视对水的艺术和空气的研究,机械学家们是为了研究水的力量和威力,哲学家是对这些艺术的本质感兴趣。"

就这样,机械学家用劳动来推动科学的发展进步,科学发展进步又促进了劳动。

过去的时候,在埃及,在巴比伦,人类的劳动及经验奠定了科学的基础。之后,在希腊,德谟克利特及亚里士多德将科学提升到一个全新的高度,科学得到了前所未有的繁荣。如今,在埃及,科学又回来了,这是它过去的故乡。比起在希腊时,在埃及的亚历山大里亚城里,有着充分的经验基础的科学更容易成长。在雅典,人们认为劳动是不光彩的事情,那是应该由奴隶去做的,当初奴隶开始在矿坑、建筑工地、铁匠铺里代替拥有自由的公民劳作之后,人们就开始这样认为了。在亚历山大里亚城,情况却不至于如此,在这个埃及的城市里,还有拥有自由的工匠带领他们的学徒和儿子在作坊里工作。一谈到亚历山大里亚,人们就说,那里的人都不是游手好闲之徒,有人在制造纸莎草纸,有人在制造玻璃,还有人在织麻布。这里的每一个人都熟练掌握了一门手艺,就连瞎子和跛子都找了工作养活自己,甚至生病体弱的人也没闲待着。

这就不难解释为何在这里就是科学家也都亲手干活了。缪斯神庙是亚历山大里亚的博物馆,它名为神庙,但实质上更像一个作坊。但这缪斯神庙还不仅仅是一个单纯的作坊,它可称得上是一座完整的科学城。缪斯神庙里,这边有物理学家在搞研究,在那边又有天文学家在钻研,另一个地方还有机械学家在埋头苦干。

科学在成长。现在,即便聪明的亚里士多德,要完全掌握全部各个学科的科学知识,也是一件几乎不可能的事情了。亚里士多德也得把他当时的科学王国划分开来给他的追随者们分别继承。在缪斯神庙这座博物馆里,科学被划分得更加精细。一个头脑不可能记住所有知识,一双手不可能做好所有事情，一个人不可能什么都会做。在博物馆里，老师们指导着上千名学生，他们研究着所有的科学，包括了哲学、数学、天文学、地理学、机械学、历史学等。欧几里得[1]曾经在这里讲授过课程，阿基米德曾经在这里学习过数学知识。

在缪斯神庙，国王们也来这里读过书。国王托勒密还曾经向欧几里得寻求学习数学知识的捷径，欧几里得如何回应的呢？他对托勒密说道："学习数学的旅途上没有国王的专用通道。"

哲人之路

很久以前，亚里士多德带着他的学生走到了很远很远的地方，他们走到了吕克昂那边的林荫道上，走到了哲人的路上。在亚历山大里亚城里，科学家们走到了更远的地方。哲人之路指引着他们，让他们走向高山之巅。这条哲人之路，环绕了地球，向着太阳和月亮而去，通向遥远的地方，通向未知的恒星。

过去，人们一直以为山的顶端是连接着天空的。传说中，诸神就居住在奥林匹斯山的山顶上，那里山势陡峭、被云和雾笼罩着。还有传说，在高加索山陡峭的山崖上，锁着普罗米修斯，那座山是如此之高，以至于当太阳从高加索山的山脚西沉后，还会在天上接着照耀长达4个小时。

山的高度，有谁能测量出来呢？有没有一个巨人的手能碰到高山顶上的积雪呢？找到了，真有这样的巨人！埃拉托色尼——亚历山大里亚的科学家，他凭借着手中精密巧妙的仪器测量出角度，在纸莎草纸卷上面画出三角形，并涂满了符号。他在纸上计算出了那些山峰的高度，他没有爬上山顶，他就

---

1 欧几里得（公元前330~前275年），是古希腊的数学家，著作有13卷《几何原本》，该书是世界上公理化数学著作之先河。

站在山的下面，对于这样的方法，他早就很熟悉了。这样的方法，还是第凯尔库斯——亚里士多德的学生研究出来的，到了埃拉托色尼，终于计算完成了。于是他得出结论，那山峰并不算很高，地球的表面就像是树皮，有着高低不平的凸起，那山也不过是那些凸起中小小的一个罢了。

▲埃拉托色尼

唔，山的高度能测量了，那么，地球呢？哪个人可以绕着地球走一圈，哪个人可以将这个地球合抱起来呢？那种将全世界周游一圈的航海计划，就是最勇猛果敢的水手也不敢幻想的。但是，埃拉托色尼知道，想要测量地球，也并不需要去做那种周游世界的长途旅行，只要从亚历山大里亚到希恩走一次就足够了。在亚历山大里亚的上空，当太阳距离上升到天空正中顶端还有 1/50 个圆那么远的时候，在希恩的上空，太阳已经位于天空正中了。亚历山大里亚到希恩的距离是 5000 斯达第[1]，也就是 750 千米那么远。也就是说，地球这个大圆，1/50 的圆是 5000 斯达第，那么，这一整个圆，就应该是 25 万斯达第了。于是，人类无法亲身查看的东西，便有办法测量出来了，同时他还能很巧妙地去观察太阳。那些亚历山大里亚城的地理学家们宣布说：地球一周的长度有 25 万斯达第。他们断定，在这个圆里，只有 1/4 的地方有人的踪迹：由赫拉克利特柱子直至意大利，再由意大利至希腊，自希腊直到恒河口。

而在那个有人类居住的地方——"奥依库门"以外的地方，是什么样的呢？有些人说，那里除了大海什么也没有。还有一些人相信，在汪洋大海上，有"幸

1　斯达第，是古希腊长度单位，约等于150米。

运岛"存在，在那里，从来没有恶劣的天气，人们在那个乐园里过着的日子堪称"黄金时代"……

哲人的道路自广阔的地球起，经过山和大海，一直通往高远的天空，通往太阳和月亮。谁能有幸走上这条路，向人们解释一下走到月亮去需要多少步、天边的太阳究竟有多大呢？

再次出发行走在求索的道路上，哲人们的旅行并没有离开他们自己的那个观象台。他们住在地球上，手边却有用于测量头顶天空的各种器械和用具。你看，在观象台里，有一个身影，就在那个仪器的旁边一动不动，那是一个天文学家。他此刻正用手慢慢转动着一个青铜的环，眼睛认真地看着分度。这就是阿利斯塔克[1]，他来自萨摩斯岛。

就科学上的传承关系来说，阿利斯塔克是100年前的亚里士多德的"曾孙"辈。阿利斯塔克的老师是斯特拉图[2]，斯特拉图的老师是德奥弗拉斯特，德奥弗拉斯特的老师，就是亚里士多德。不过学生也是常常反对老师的，因为科学本身就是在不断的斗争和争论中产生发展起来的。亚里士多德和柏拉图曾经发生过争论。斯图拉特则干脆采纳了德谟克利特的见解，抛弃了亚里士多德的学说。而到了师从斯图拉特的阿利斯塔克，那也是一个狂热拥护德谟克利特学说的人。

阿利斯塔克同德谟克利特一样，相信在这个浩瀚的宇宙里，地球只是一个点，世界大得无穷无尽，地球并不是唯一存在着的世界。在天穹的斜坡上，一天又一天，一夜又一夜，阿利斯塔克在这里进行着推进。他的工作从恒星转到数字上，又从数字上回到恒星。他分别测量着月亮和太阳到地球的距离，于是得出结论，相比月亮与地球的距离，太阳和地球之间的距离要更远好多倍。在太阳那边，他打了个转，然后，为了把月亮也测量一下，便又回到月亮那边去了。

1　阿利斯塔克（公元前3世纪），是古希腊的数学家和天文学家，也翻译为阿里斯塔恰斯。

2　斯特拉图（公元前270年前后），是希腊的科学家，亚里士多德的《气象学》据说是他的手笔。

阿利斯塔克的计算尚且算不上十分精确。对于从地球到月亮的距离，他差不多判断得完全对了，但是对于从地球到太阳的路程，他得到的结论比起实际上的数据要更近了一点。他计算出的结果与实际情况相比，月亮显得太大了，太阳却比实际要小一些。可是要知道，他所在的时代里，测量仪器还不是十分完善，又怎能苛求他得出绝对准确的数据呢！况且，我们知道，那还只是人类首次对测量天空这件事进行尝试啊！

对于自己头顶的一片天穹，阿利斯塔克就像个主人在察看自己家的房子一样，无论横着竖着他都测量了一遍，完全不像是这个世界上偶然的一个过客。察看着世界这所大房子，他画出了图样。世界是所大房子，他渐渐意识到，待在这座建筑物中间的，是太阳而不是地球。就如同灯的周围有蛾子在绕着飞，在太阳的周围也有很多行星在绕着

▲阿利斯塔克

它转圈子。地球，不过是众多绕着太阳转圈儿的行星之一。

宇宙全部的样子开始变得清晰简单了，但是这样看来，当初那么多人类想象出来的天体圈就变得毫无意义了，要知道那些天体圈曾经是用来解释纷乱的行星运动的。阿利斯塔克明白，还需要很多年时间，人们才能理解他的学说。长久以来，人们骄傲地认为自己所在的地球是宇宙的中心，他们已经习惯了这种思想。怎么可能让他们一下子转个弯，承认地球不过是太阳周围众多行星之中的一个呢？这就像是体育家用手将一只球抛了出去一样，地球就这样被阿利斯塔克从宇宙中心的位置给摘除出去，并将太阳放在了原来属于地球的位置上。

可是，这样的说法却是天文学家们根本就不想听的。他们说，那是不可

能的，因为如果真的是这样的，那么恒星和地球就会逐渐分离，就像是岩石、树木和船会逐渐分离开一样。可是阿利斯塔克却说：遥远的恒星们到底是怎样移动的，我们这些人是看不出来的。就比如我们人类，只是走几步路的话，那些远处的山川也会和我们逐渐分离吗？阿利斯塔克论证了一通，但是那些人丝毫不为所动。阿利斯塔克出现的时代还太早了，那时的人们还来不及理解他，就像是从前阿纳克萨哥拉、德谟克利特、苏格拉底、亚里士多德等人被控告过一样，这位古代的哥白尼[1]也被人们控告了，他们指责这位先驱对神明不敬。

时间就这样年复一年、一个世纪又一个世纪地流逝着，可是对于阿利斯塔克的理论，人们仍然觉得还是过于大胆、过于新奇了。公元2世纪的亚历山大里亚城里，一位名叫克罗狄斯·托勒密[2]的科学家编写出一部论述天和地的巨著，这部著作分为13卷。他在自己的这部著作中，他画了一张世界地图附在上面，那地图包括了莱茵河和多瑙河、中国和印度。他还编撰出一幅恒星表，在这个恒星表上，对于各个恒星的准确位置他做了标示。他也画出了宇宙图景，对于应该将地球怎样处置、应该放在他这个全新的宇宙图景中的什么位置上，托勒密考虑了许久。

阿利斯塔克早就去世多年了，可是托勒密找出了越来越多的新的证据来与他争论。他不断反驳着阿利斯塔克的学说。托勒密认为，地球应该是在一个位置上固定不动的，假如地球是移动的，那么云彩就落在后面了，那样的话云彩应该是在天空的一边聚集着的；假如地球是移动的，那么向上扔出的一块石头掉下来就不该是落回原地的，当石头在空中的时候那个会移动的地球就已经走出了一段路程去了。那个时代的托勒密并不了解，其实世界上的万事万物都是随着地球一起在同时移动着的，不会停下也不会落后于地球。这就像是，飞奔的马匹突然停住时，骑在马上的人却因为还在运动之中，就

---

1 哥白尼（1473~1543年），是波兰的天文学家，是日心说的创立人。
2 克罗狄斯·托勒密（公元90~168年），古希腊数学家、地图学家、天文学家和地理学家，著作有《大综合论》。

会从马上被甩出去。为了反驳阿利斯塔克，这位名叫托勒密的科学家还找到了很多其他证据。他的结论就是，如果认定了地球是静止不动的，那么麻烦就没有了，一切问题就都变得简单多了。

死去了的阿利斯塔克是没法反驳他的。但是天上的恒星帮助了他，恒星替他说话了。在博物馆里的观象台那边，每个晚上都有天文学家们在观察着那些行星的运行，他们亲眼看到了行星是如何时而向前移动时而又向后退去的。此时，如果采纳阿利斯塔克的学说，就很容易解释这些现象了。但是，如果坚持相信托勒密，那问题就很复杂了，恐怕就永远也解释不清楚了。

但是托勒密还在坚持着自己的观点。为了坚持他那个地球是静止不动的观点，他强制天体在天空中走出最复杂的路线，他要求月亮绕着一个并不存在的中心转动，而不许月亮再绕着地球了；而且那个月亮环绕的中心点，也必须是绕着圈子跑的，这个圈子的中心也绝对不能与地球中心相吻合。为了他的理论，他为天上的那些行星们设计出了一系列复杂无比的机构。要知道，为了让最新得到的观测结果能够和陈旧的观点完全匹配，是需要费多少心思啊！

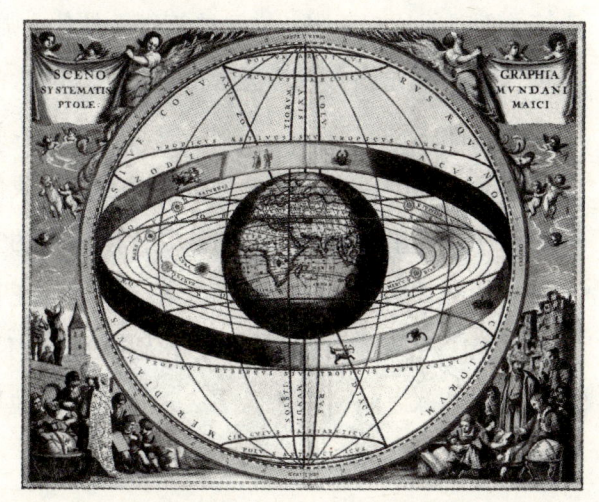
▲托勒密"地心说"宇宙体系

不要再向前讲了，我们还是将故事讲回到公元前3世纪吧。那时的天文学家们思索着，恒星与我们距离有多远？这世上谁有能力测量一下宇宙呢？真的有一个人承担起了这个艰巨的任务，他就是曾在位于亚历山大里亚城里的缪斯学院学习的阿基米德。阿基米德住在位于西西里那边的叙拉古。他写了论文讨论宇宙的大小，并把这篇名叫《论沙粒的数目》的论文献给了叙拉古国王亥厄纶[1]。

在那个时代的人们心中,世间万物的最小尺度就是沙粒那样的大小了。那么,茫茫宇宙中,究竟可以装得下多少沙粒呢?阿基米德想要尝试着算一算。他说道:"啊,尊敬的亥厄纶国王,有的人认为沙粒的数量是无穷的。我所说的,并不是我们叙拉古或整个西西里地区的沙子,而是所有的陆地上面的沙子。"于是,他证明道,不仅仅是地面上能够装得下的沙子数目能够通过计算得出来,而且就算是整个茫茫宇宙之中能够放得下多少的沙粒,也是可以计算出来的。同时他认为,恒星圈就是整个世界的边界了。他通过计算告诉人们,从恒星圈到地球的距离有足足的100万万斯达第。对于整个宇宙能够装得下的沙粒数目将十分巨大,那个数字是1的后面还跟着63个零。这个数字真称得上庞大了,但是,比起无限,它又能算得上是什么呢!

人们的眼光总有一天会看得更远,那时人的眼光会放到连光都要奔跑几百万年才能到达的地方,人们会发现,光是人类已经知道的速度最快的旅客了。那时人们的目光已经越过银河,发现了我们的银河以外的很多其他的星河,而在这些星河的前面,仍然是无限无垠的空间在向前伸展着。但是那个古时候的阿基米德,仍然在测量着天,用的还是地球上的尺度,他那个时代的人都无法想象到,浩渺的宇宙是无限大的。不过,毕竟他已经让人们知道,在恒星和地球之间,路途是多么遥远了。在他那个时代,这就已经算是巨大的进步了。

科学 告 诉 你它的用处

一面是细不可查的沙粒,另一面是高耸入云的山川,这个从沙粒到高山的狭小世界,就曾经是过去的人住过的地方。可是现在,人类头顶的天空仿

---

1 亥厄纶二世(公元前308~前216年),公元前270~前216年在位。

佛是升高了，在人类的认识里，天空的高度提高了不仅仅100万万斯达第了。

而就在那细不可查的沙粒那里，也有一个奇特的世界在展开着。关于一些肉眼看不见的、渺小的微粒，德谟克利特曾经有一个理论。阿基米德也知道德谟克利特的这个学说，现在，他想要敲开那个微小世界的大门了，他就要去找出对那些微粒的生活进行管理的规律了。

可是，那扇通往微小世界的大门，并不容易敲开。怎样才能进入石头和沙粒的里面去看看呢？我们都知道，那些微粒们相互联系得很是紧密结实，人们只有抬起重重的锤子锤下去，才能将石头变成小块。可是想要进入水里面去，就显得十分容易了，单单靠手就能将那些时刻处于快速活动状态的微粒赶散开去，毫不费力。于是阿基米德就去研究那个水的世界。

慢慢地他明白了，在这个水的世界里，它们自己也有着独特的规律。想要去那个微小的世界里旅行不需要长途跋涉，人们只要将手伸入一碗水中，就能置身于那个神奇绝妙的领域里。在那个地方，可能有的东西是没有重量的。水的世界，是一个不同寻常的世界，在那里，全部的东西都似乎比原来要轻一些。将一些东西放进水中，有的不会掉下去、反而会上升到水面上去，另一些东西则在碗底和碗口之间、悬在水中，而只有重量最重的东西才会落到碗底去。世界上的万事万物都是由人的肉眼看不见的细小微粒所组成的，倘若阿基米德不知道这个道理，那这些水里的现象简直就没法解释了。

碗的形状改变，为什么水的形状也能跟着变化呢？阿基米德想要找到其中的奥妙。阿基米德猜想到，就好像人群是由一个个独立的人组成的一样，水，也是由一个个的微小粒子所组成。人群能够随着广场的形状不同而变成不同的形状，那么，是否也正是因为这样的缘故，水的形状才会因为碗的形状变化而变化呢？

阿基米德放一块木头在水中，可是那木头为什么并不沉没呢？于是阿基米德又猜想到，水是由无数的微小粒子构成的，上面微粒的重量全都是由下面的微粒来承受。将木头放进去之后，木头施加给它下面的微粒的重量远远

▲阿基米德

比水的小。要知道木头比水轻多了。有轻有重，那么，水里原来存在的平衡就被打破了。在同样的深度上，有的微粒被压得比较轻，有的微粒被压得比较重。被压得比较轻的微粒就会被那些被压得比较重的微粒排挤开，成群的微粒向着木头挤过去，于是木头被那些微粒给推出了水面。

相同的道理，如果物体的重量恰好等于被排挤出来的那些水的重量，那么平衡就得到了恢复。就像这样，阿基米德不停思索着，发现了有关物体在水中沉浮的奥秘。他总结出了有关沉浮的定律，后世的人们为了纪念他，将那个定律用他的名字来命名。几千年之后，就连每一个小学生都知道阿基米德定律。

力学上和数学上最艰难的难题已经被阿基米德解决掉了。这时他才发现，其实有很多问题，德谟克利特早就解决了。阿基米德以前住在亚历山大里亚的日子里，他根本没听说过德谟克利特。德谟克利特是个"臭名昭著"的无神论者，亚历山大里亚的人们认为，那是个不值一提的人物，更不要说在学术活动中引用他的理论了。阿基米德开始涉猎德谟克利特的学术著作，是在他回到叙拉古之后的事情了。通过阅读德谟克利特的著作，他总结出了解决数学和力学上那些难题的关键点。

阿基米德发现，那些有关不能再分隔开的微粒、有关原子的理论就是关键所在。他发现，应用德谟克利特提到的方法，就能够很容易地将圆锥体、棱锥体、圆柱体和球体的体积计算出来。窍门在于，将那些立体的物体分割成一个个尽可能薄的薄片。德谟克利特的理论里，无数不可分割开的点组成线，线组成平面，而物体就是由平面所组成。

阿基米德寄了一封信到亚历山大里亚，收件人是他在缪斯神庙的老朋友——埃拉托色尼。受到国王庇护的埃拉托色尼十分重视国王的意见，他坚决反对那个无神论者——德谟克利特。他不只是一位哲学家和天文学家，同时他还是一个忠诚的宫廷侍臣。阿基米德深知他这个老朋友的立场，但是，他觉得只要是有利于科学研究、有助于科学发展的事情，就应该让人知道，告诉埃拉托色尼，这是他作为一个科学研究者的义务。

阿基米德在信中写道：

下面我要给你解释和陈述一个有助于证明定理的特殊方法。我认为，你是一位杰出而严肃的哲学家、科学家，所以我必须告诉你，这个理论的提出者是德谟克利特。对这个方法我会书面陈述出来，因为，我知道我的做法会对数学这一学科的研究发展有很大贡献。我想，如果有人——不管是和我同时代的还是我的后继者——能够认同和熟悉使用这个方法，那么，会有很多我还没发现的定理被发现。

阿基米德很清楚，这封信虽是写给埃拉托色尼的，但是博物馆里面，其他科学家也会看到，但为了保卫科学的利益，他觉得必须要这么做，他不怕挺身而出独自去面对所有人的反对。

阿基米德做事一向如此。还记得他那个著作《论沙粒的数目》吗？在那里面，为了奠定计算的基础，他就曾引用了被那些道貌岸然的亚历山大里亚哲人们强烈否定的学说。那时，阿基米德说过："有一篇包含了一系列假定的论文，是萨摩斯岛的阿利斯塔克写的。从他的那些假定可以得出一个结论，那就是，世界远比我们现在所公认的要大上很多倍。阿利斯塔克的看法是，太阳和恒星是不运动的，地球却是绕着太阳转的。"就是这样，那个时代最伟大、最杰出的科学家阿基米德和阿利斯塔克都顺着德谟克利特的科学道路向前走去，德谟克利特的科学道路成为了主要的科学道路。

同时，科学家阿基米德还是一个出色的工程师。

在阿基米德的那个时代里，工程学被人们看作是一门手艺。柏拉图有个朋友叫阿尔开塔斯，柏拉图曾经因为这个朋友研究机械学的事情而责备他。阿尔开塔斯曾经用木头做出一只鸽子，那鸽子会飞，柏拉图却认为，这样的事情是不应该由堂堂的哲学家来做的。人们认为，机械学是一种手艺，应该交给手艺工匠们去做。在这一方面，阿基米德也反对柏拉图本人还有柏拉图的那些信奉者们，就是为了要将机械学发展成为一个精密准确的科学学科，阿基米德煞费一番苦心。

机械学让人们感到惊奇，但是人们并不十分懂它的原理。他们靠经验发现，很大很重的东西依靠杠杆就能用很小的力气抬起来。那简直是一个奇迹，不可思议，就像是巫术。对他们来说，杠杆作用是和物的自然进程相违背的。阿基米德却指出，杠杆的作用是一个大自然的规律，起作用的并不是那种传说中的超自然的力量，因为，他发现了杠杆的科学定律。

区别于阿尔开塔斯及其他的许多人，阿基米德没有制造自动式玩具，他开始建造那些真正的仪器和机器。他用铜制造了一个利用水力发动机开动的天地仪。当那个看不见的水力发动机开动起来后，观众就能在天地仪上看到，早晨的时候，太阳怎样接班照亮大地，月亮是如何隐没在地球的影子中从而形成月食，而行星——那些游荡的天体——又是如何在天空中运动的。

阿基米德改善了被称作"蜗牛"的机器——那是埃及人浇灌田地的工具[1]。阿基米德的那个"蜗牛"后来被应用在了矿井里。西班牙矿工们的工作常常受到地下河流的干扰，他们和湍急的河流斗争着，他们只能将水引到倾斜着的沟道里。有了阿基米德的"蜗牛"，他们才得以将地底深处的整条河水抽出，将所有的水汲干。

阿基米德还写了一本书——《论支柱》，那本书提供了计算出圆柱能够承受多大重量的方法，对建筑家颇有帮助。那个单靠一个木工的力量就能做

---

1 此处是指阿基米德设计的螺旋式汲水器。

出一条船下水的时代已经不在了，现在要建造很多庞大而复杂的物件，既需要能工巧匠，也需要工程师。在叙拉古的港口里停泊着巨大的水上城市，那里有游廊、柱廊、磨坊、酒窖和体育馆。虽是在船上，但是也耸立着高塔，就如同是在城墙上。

▲给我一个支点，我能移动地球

传说，在叙拉古，有一艘船太重太大了，人们没办法将船放到水里去。叙拉古所有的居民都去帮忙拖这艘有足足三层的桡船，那船却纹丝不动。他们便想到了去找在叙拉古的阿基米德帮忙。这个人们眼中的难题，在阿基米德看来，并不是毫无办法的。我们都知道，杠杆定律就是阿基米德发明的，人们至今还在传诵他的名言："给我一个支点，我能移动地球。"在那艘大船的周围，阿基米德设计修建了一个十分复杂的滑轮和杠杆系统。借助这个系统，加上有上百只手抓住绳索，那只庞大又沉重的大船就老老实实地爬到水里去了。传说中，叙拉古国王亥厄伦看到了这个事情，就激动地大声喊道："此时此刻，我要求你们，以后不管阿基米德说了什么，大家都要相信他！"

在那以前，人们总是编述那些有关"巨人"赫拉克利特、有关能把天扛在肩头上的阿特拉斯[1]的故事。现在的人们，还在讲故事，但是他们讲的已经不是泰坦巨神的传说，不是赫拉克利特的故事，而是关于阿基米德的、与科学有关的故事了。

据说有一次，工匠替叙拉古的国王制作了一顶黄金的王冠。国王怀疑那些工人私自吞没了一部分金子以银子来代替了，苦无证据，就找来了阿基米德，对他说："阿基米德，你看看，这是我的王冠，你能不能在保证王冠始

---

[1] 阿特拉斯，希腊神话里泰坦巨神之一，因为反抗主神宙斯失败，遭到惩罚，在世界的最西边以手和头顶住天。过去的欧洲人经常以他的画像来装饰地图集封，所以现在地图集仍被叫做"阿特拉斯"。

终完整的前提下,检查一下王冠里面究竟含有多少银子?"阿基米德日夜思索着这个难题,寻找着解决的办法,甚至是到了深夜,人们都已经进入梦乡,他还在因为这个问题不得安宁。阿基米德时时都在思考,吃饭的时候想着它,散步的时候想到它,甚至他在洗澡的时候,还在想着这个难题。

直到有一天,阿基米德终于想到了,他从澡盆中一跳而起,兴奋得光着身体从澡堂跑回到家,嘴里高兴地大喊着:"攸勒加!"而"攸勒加"就是"找到了"的意思。日夜思考,阿基米德终于找到解决问题的办法了!洗澡的时候,阿基米德慢慢进入澡盆里,水就从盆子边上溢出。这个细节让阿基米德联想到,也应该将那顶王冠放到一个盛满水的容器里,那样就也会有水溢出。然后,可以将一块与王冠重量等同的金子同样放入水中,看溢出了多少水。假如两者流出的水是一样多的,那王冠里就全都是金子无疑。但是假如第一次流出的水比较多,那就足以说明,王冠里面是含有银子的,因为人们已经知道了,银子的密度要比金子的密度小得多。

于是阿基米德真的就这样做了。结果发现,金子里面确实是掺有银子的。通过称量每次溢出的水,阿基米德还计算出了王冠里银子的含量。他揭穿了工匠们盗窃金子的事情,大家都很吃惊,尤其是窃贼本人,更加吃惊。要知道,那些熟练的工匠仗着自己长期积累的经验,曾经想当然地认为世界上没有人能看得出他们在金子里面掺了银子,这次却被阿基米德揭穿了。

▲阿基米德的实验

这个故事很可能只是一个传说。叙拉古的居民们虽然在讲述这个关于科学的故事,但他们本身并不是有学识的人,而这些没有学识的人又怎么能了解科学家的研究思路呢？人们现在谈论阿基米德的时候提到澡盆，在以后人们谈论牛顿的时候，他们又会提到那个从树上掉下来的苹果。但是既然人们已经开始用故事来描述科学家们，就说明，人们已经开始相信智慧的力量、相信科学的力量了。

罗马人侵犯叙拉古的时候，阿基米德就应用科学的力量全力应对敌人。有关这件事，历史学家普卢塔克[1]写道：

> 马塞拉斯[2]率领着全体部队向着叙拉古进发。马塞拉斯下达命令，要求将8艘大船连接在一起，然后将攻城的机器放在上面，向着城墙驶去。马塞拉斯一想到自己的准备工作做得周到而又规模宏大，再加上自己的赫赫威名，他自信这次可以马到成功。但是马塞拉斯费心准备的这一次，在阿基米德和阿基米德制造的机器面前，不值一提……当叙拉古的国王玄厄纶还在位的时候，他意识到了机械学很重要，预见到了机械学对未来的影响，就让阿基米德为他设计制造出各种各样的攻城工具和机器。他希望那些机器能够解决围城的危机，既能够用来防御外敌，也能够用来进攻敌人。现在，那些阿基米德的机器终于帮上了叙拉古人的大忙。
>
> 罗马人在马塞拉斯的领导下，开始对叙拉古两面夹攻。叙拉古人十分害怕，人人不敢开口，这些恐惧的人们根本不敢指望能够有办法去抵抗那些可怕的罗马大军。正是这时阿基米德带着他的作战机器出场了，那些机器可以抛射出巨大的石头和各式各样的箭，那些石头和箭，带着啸声以惊人的速度冲向敌人的步兵队伍。那些箭和石头简直称得上是所向披靡，马塞拉斯的部队几乎无法抵挡他们的打击，罗马士兵被打倒，罗马人的部队被打乱了。
>
> 在大海上，有很多像兽角一样弯曲的木头从城墙上伸出，伸到了马

---

1 普卢塔克（约公元45~125年），古希腊唯心主义哲学家、传记作家。
2 马塞拉斯（公元前268~前208年），为罗马将军。

塞拉斯的船舰上面。那些木头很是厉害，有的木头能够从上而下打在船上，沉重的击打就能将船只击沉。还有的木头就像是鹤喙，木头上有铁爪或铁钳，能抓住船头，将船只提起，船尾就直立起来了，这时候，他们再松开挂钩，船就不得不沉到水中去了。

那个叫作"桑布拉"的机器被马塞拉斯安置在几艘船上，但是还没等到它靠近城墙根，就有一块有10塔兰特重的大石头从城墙里面飞了出来，正落在那个"桑布拉"上面，接着，第二块、第三块，它们砸在那个机器上，发出了巨大又可怕的声音。在极其巨大的力量的打击之下，叫作"桑布拉"的机器还没发挥作用就被打碎了，那些扣栓和联结着它们的东西就都被破坏了。

面对这样的战争局势，马萨拉斯无可奈何，只得决定让舰队快速驶离海岸，并且命令那些步兵撤退。罗马人的军队已经后撤了很长的一段距离，但是，飞奔的箭还是追上了它们，落在那些早就遭受了重大损失的逃兵身上。阿基米德的大部分作战机器都在城墙的后面立着，它们将马塞拉斯的许多船打碎了，罗马人却没办法反击那些城墙后面的机器。这就好像是在和木桶打仗一样，一个接着一个的未知灾难向着罗马人的军队袭来，可是他们却连敌人的影子也没有看到。

马塞拉斯自嘲着，对自己的机械学家和技术家们说道："我们还是不要跟这个数学家里的'伯利阿列'打仗了吧？他只是安安稳稳地坐在海边，就将我们的船舰给击沉了，他可以一次性地向我们发射出这么多箭，简直比神话传说中的白手巨人们还要厉害。"

在普卢塔克的这个故事里，对于那个胜过了"百手巨人"伯利阿列的数学家，对于科学的巨大力量，是充满了赞美之情的。但是，普卢塔克并不明白，阿基米德的力量并不只是在科学方面。阿基米德的手，不是只有100只，而是有上千只那么多。他不是一个人，他是在和全城人民一起保卫着这个城市，万众一心，正是因为这一点，他才能成为一个巨人。普卢塔克形容道："叙拉古人就像是阿基米德这个机器的肉体，只有阿基米德能够指挥所有的人的灵魂、推动所有的人做事。"作为真正的柏拉图的继承者，普卢塔克用国家的肉体和灵魂来做比喻：那灵魂就是国王以及哲学家、科学家和将军，他们管理一切，而人民则是肉体，服从于灵魂的指挥。

可是，谁又能把阿基米德与他的人们、与全人类分开吗？阿基米德的家乡就是叙古拉，他是建造叙古拉城的那些人们的后裔。历史上并没有留下那些城市建造者的名字，可正是他们还有他们的同胞，以自己的辛勤劳动建设了那些葡萄园和田园、街道和房屋、船舶和码头，正是这些无名的前辈建设了让阿基米德和他的人们不屈不挠地保卫的城市。阿基米德的机器是由上千双手制造出来的，而早在阿基米德出生以前，就有上千个人的头脑思考过并且已经设计出了滑轮、杠杆和滑轮组。

在故事的结尾，普卢塔克提到了罗马人最后是怎样征服叙拉古的。经过长期的围攻，叙拉古人内部的叛变帮了罗马人的大忙，那些富人——也是反对阿基米德所属的民主派的政治敌人——倒向了罗马人。罗马人的部队闯进了城里，开始疯狂地杀戮他们遇到的叙拉古人，一个也不放过，这也包括了年迈的阿基米德。有罗马士兵找到了阿基米德，有古代时留下的镶嵌画向我们展现了当时的情景。画中，

▲不要动我画的圆

▲阿基米德之死

老人斜靠在床上,有一块洒满了沙子的木板正放在他面前的三条腿桌子上。阿基米德正专心地在沙子上画着几何图形,罗马士兵正将一把剑悬在他的头顶上。据说老人阿基米德看到罗马士兵的时候,大声喊道:"你们不要动我画的圆!"此时此刻,阿基米德忘了自己,阿基米德只记得科学。但是,科学家怎么能和那些无知愚昧的罗马军人讲科学呢!最后,阿基米德趴倒在自己画的几何图形上面。阿基米德连地球都能撬动了,却最后死在了剑下。

战争的结局就是,叙拉古被罗马人征服,开始被罗马统治。对阿基米德这个罗马人碰到过的最可怕的敌人,罗马人心有余悸。在他们的统治下,阿基米德的名字成了这座城市里的禁忌,阿基米德故城的人们没人敢再提起他。阿基米德的坟墓荒凉而长满了野草。罗马的政治家和作家西塞罗[1]曾经向人们描述过他是怎样才找到了阿基米德的坟墓的:

我在西西里时,曾经很好奇地向人们打听阿基米德的坟墓。但是从那时了解的情况看来,叙拉古当地的人并不是十分清楚,他们对阿基米德的坟墓知之甚少,几乎就可以肯定阿基米德的坟墓已经毫无踪迹可查了。但是我没放弃,怀着热心急切需寻找,最后,在杂草和荆棘之间我发现了阿基米德的坟墓。我能够发现那坟墓,全靠的是几句诗词。根据我的调查,那墓碑上应该刻着诗词,还应该在诗词之上刻着圆柱体和球

---

[1] 西塞罗(公元前106~前43年),古罗马雄辩家、哲学家和政治家。

体的几何图形。我就是凭着这些线索寻找着。

走出叙拉古城的城门,我走到了一片布满了坟墓的荒野上。我向四周仔细地打量着,忽然在野草丛中我发现了一个小的圆柱,柱子的顶部还露在草丛的上面;那柱子上就刻着我要找的圆柱体和球体图形。我赶紧告诉与我同行的那些叙拉古人,在我们面前的毫无疑问就是阿基米德的坟墓了。我们叫了人为我们开辟道路、砍去草丛,走近一看,果不其然,就在这个画柱上看见了柱脚上面的题词。那些刻在柱子上的诗词,有一部分还能读出来,其他的部分都因为时间的缘故模糊不清了。

西塞罗感叹道:"叙拉古曾是希腊最有名的城市之一,这里以前曾经有过许许多多的科学家,可是现在,就连他们之中最具天才的那个人,也没人知道他的坟墓在哪儿了。"

在叙拉古,罗马人就连对阿基米德的那么一丁点儿的纪念都毫不留情地抹杀了。可是,当无数个世纪过后,那些罗马侵略者的凯旋和胜利都已经成为往事,而阿基米德的科学成果、他为全人类所创立的科学成果并没有消失。阿基米德的那些著作及他与朋友们来往的信件,一直被保存下来,流传至今。

阿基米德曾将一篇自己的数学论文寄到科学家西多菲那里,在信里他写道:"因为这些定理,我长时间不得安宁,因为我无数次地研究着它们,在研究时发现里面有很多困难。"阿基米德是不知疲倦的科学家,他擅长克服任何的艰难困苦。在另一封信里,他写道,他觉得他自己的最新发现告诉其他的科学家是他的责任,因为他觉得这么做,对大家、对以后的科学研究能够有所裨益。阿基米德深深地明白,科学能够从一双手传递到另一双手的时候,科学就真的成长了。对于数学家科农[1]的去世,他深感惋惜:"倘若他还活着,几何的范围会因为他而扩大。"阿基米德认为自己应该接下科农的担子,义

---

1 科农(主要的活动时期约为公元前 245 年),萨摩斯人,亚历山大里亚的天文学家和数学家。

不容辞地去接着做科农已经开始做但还没有做完的事,那就是去接着完成那些还没有被证明出来的定理。

比起人们去讲述有关阿基米德的一切故事,他留给我们的那些著作、那些发现、那些以他的名字来命名的定律,才是真正美妙的东西。他留下的东西,到现在还在帮助他曾经在给朋友的信中提起的那些"未来的研究者们"。每当人们要造船的时候,人们要建筑房子的时候,人们要制造机器的时候,他们都要请阿基米德来帮忙,这些事如果没有他都会寸步难行。每一根杠杆都让人不由得想起,杠杆定律就是阿基米德的伟大发现。

把死的东西重新复活

阿基米德被杀死了,但是还有很多别的科学家和工程师们在继续着他那项伟大而艰巨的事业,他们在学习如何将那股盲目的大自然力量收为己用。

最早的有关水磨的描述开始出现在科学家们的著作里了。除了水磨,人们还安排了另外的一项工作让水去做,那就是去救火,让水去征服火。在唧筒的青铜圆筒里,活塞上下移动着,习惯四侧散开的水的微粒被活塞阻止住,它沿着青铜的筒子将水的微粒向前赶去,活塞赶着那些水去攻火、去作战。火还想造反吗?那我们就派出水去教训教训它吧。有了这个计划,最早出现的消防队员就拼命地按压杠杆的臂端,水柱就闪烁着光、发出哧哧的声音从管子里被挤压出来,弯曲着被投向屋顶。志愿消防队员们压出的水就这样洒遍了烧着火的房子墙壁,发出一片咝咝声。水遇到火,变成水蒸气,火被水打退,人们成功地从火焰的手中抢夺回阵地。

水是已经被人类驯服了,可是,还有水蒸气呢?还有空气呢?空气能够吹满那些船舶的帆,它早就开始在船上服务了。现在只有水蒸气,还是游手好闲的状态。于是人们打起了水蒸气的主意,想将水蒸气也训练得能为人干活。

希罗——亚历山大里亚的科学家——正在用一只锅煮着沸水。他并没有让水的微粒随随便便地从沸腾的锅里飞到空气中去,他用盖子盖住了锅,水蒸气想从里面出来,就只能沿着人替它安排的道路出来。那条安排给水蒸气的专用通道通向一只铜球,那铜球就像是车轮一样,被安放在一个轴上。有两根弯管被相对地焊接在铜球上面,那些喷薄而出的水蒸气就只好被引到铜球里,最后从那两根铜管冲出去。在这个过程之中,水蒸气的微粒都在急急忙忙地朝着出口挤着,在水蒸气们拥挤的时候,弯管的管壁会受到水蒸气微粒们的压迫,于是,受到这种压迫后,那个铜球就转起来,越转越快。

希罗将他的铜球展示给他的朋友们和学生们。人们都很惊讶,只见这个东西就像一只陀螺一样,在他们面前呜呜地转个不停,还伴着咝咝的声音不断吐出水蒸气。在那个时代,这个铜球还仅仅是作为一个玩具存在着,但是,从这个铜球出发,已经给人们引出了一条通往蒸汽发动机的道路。

2000年后,在蒸汽发动机的带领下,人们将飞速奔驰,比风还要快。到那个时候,无数肉眼看不见的、忙忙碌碌的水蒸气的微粒,会在各种各样的艰难工作中成为人类忠诚的助手。它们将帮助人类起重、汲水、锻铁、织布。它们还将用自己的力量帮助人类到地下世界去探险,或者帮助人类环绕着地球转。那个微小的物质小世界里,人类终于找到一把能上天入地的钥匙,用它人们能到海上去,还能到那个行星大世界中去。

但是,在公元前2世纪,空气微粒和水蒸气还只是用于做出全新的玩具供人玩赏,那个时代的人们还没意识到水蒸气除了推动玩具还能有更大的作用。希罗让这些水蒸气微粒去带动玩偶剧院里的玩偶人物。他建造出一个用于开庙门的自动机,当祭坛上的火焰被点燃时,容器里的空气就受到火焰的炙烤,从而使得空气压迫水,使得水流入桶中,桶拉着绳子,绳子拉着门。这个自动开庙门的机关是隐藏起来的,这就使人觉得,门会自己打开。希罗还在庙的门口安装上了另外一台自动机,人们只要向隙口投入一个钱币,就会有水——祭司的圣水——流到人们的手上。

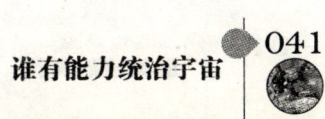

在那里，全新的科学成果还是在为陈旧腐朽的神明服务着。但是至少，人们已经开始意识到自身的力量、智慧的力量，就算是死的东西在智慧的力量之下，也变得活起来了……

与命运抗争

"毫无疑问，人类是伟大的，人类的智慧有着无穷的力量，但是，人类距离成功还远得很。"在那些讲述人类的失败和胜利、喜悦和痛苦的故事中，这样的话就像是歌曲中的叠句，一直重复着。

▲亚里士多德

公元前3世纪的时候，在罗得岛的港湾上，人们为太阳神立起了一座神像。建造这座神像共耗时12年，罗得岛的工匠们用青铜浇铸，建造成了相当于20个人那样高的神像。那座神像备受推崇，被认为是"世界七大奇观"之一。但是，这个世间奇迹，就在大地只是稍微颤抖了一下之后，瞬间化为一堆碎块[1]。那座神像是那么大，光是那么多的、不可思议的残骸，人们就用了900匹骆驼才把它们运走。

所以你看，距离真正支配大自然，人类还有很远的路要走呢！人类在和命运进行决斗。他们在反抗着祖先们的命令，他们在破坏着古代已有的那些风俗习惯。但是，死人还在支配着活人，祖先们还是在支配着后裔们。

为了服从祖先们的意志和命令，雅典人将阿纳克萨哥拉判处了死刑。他

1　位于罗得岛上罗德港的古希腊太阳神阿波罗的神像，于公元前224年被地震所毁。

们还控告了亚里士多德，说他亵渎了神明。直到亚里士多德永远离开吕克昂，雅典人还穷追不舍，追上去将死刑判决书送给他。人们也控告过阿利斯塔克，说他也是不敬神明，只因为在他的科学研究中，他将宇宙的中心挪了个地方。

当初希腊是民主实行得最好的时代，哲学家们都能随心所欲地思想和学习。但是，那个时代已经成为过去了。在马其顿，在叙利亚，在埃及，统治国家的是国王，而不是人民。在那些地方，最有权势的人是从事高利贷的人们和最有金钱实力的商人们。国王还有那些总督们为了保护这些有权势的人们，不惜使用残忍的手段。要是有什么事情胆敢威胁动摇到那些权势，那就将被当作罪恶彻底地清除掉。所以也就难怪那些拥有着自由思想的人们都会因为不敬神明受到控告、遭罪了。统治者们在想方设法提醒着人们：有人胆敢违反神明的意志，就等着受到无情、残酷的惩罚吧。

还有一座古代特洛伊的祭师拉奥孔的雕像也在罗得岛上。祭师拉奥孔的职责是为众神服务，但是他却违背了诸神的意志。于是，诸神便派出两条巨蟒去惩罚他。雕刻家们鬼斧神工，巧妙地刻画出巨蟒盘旋在拉奥孔身上的那个瞬间。拉奥孔想将巨蟒用力撕开，他的肌肉紧绷到了极点，但结果却是徒然的。他的血管凸起，就如同是被扯紧的绳子。蟒蛇缠着拉奥孔，越缠越紧，它们的毒牙开始咬向他的大腿。在拉奥孔的身边，

▲拉奥孔的雕像

是他两个年幼的儿子，他们像他们的父亲一样，被蟒蛇缠身，在蟒蛇的缠绕之下，他们因为巨大的痛苦而痉挛成一团。拉奥孔的两个孩子正用充满了恳求的目光凝望着父亲。他们不明白，那么高大、有力的父亲，为什么就不能把他们从巨蟒中间救出来呢？两个孩子当然不知道，他们的父亲拉奥孔在这场胜负注定的搏斗中，已经早就筋疲力尽了，这根本就是一场强弱悬殊的战争。

那雕塑就是一个石化了的传说，罗得岛的居民们看着那传说中的悲惨一幕，就像亲眼目睹着那个已经成为永生的、父子三人临死前的最后一瞬。于是，人们害怕了，那雕塑时时都在提醒着人们，在神明的面前、在命运的面前，人类是渺小而又无助的。人类还没有能力征服自身的命运。

摆在人类眼前的，是一个充满了苦难和斗争的时代，那是一个需要向如同缠身蟒蛇一样束手束脚的奴隶制度进行苦苦斗争的时代。那么谁才是最后真正的胜利者呢？人类是否从此就注定了要被戴上镣铐、被束缚着死去？人类是否到死都只是奴隶呢？又或者，人类终将扯断那束缚在身上的镣铐，不再当奴隶，真的变成一个自由的人呢？

第02章
"征服者"罗马

人类的存在与大自然是分不开的,大自然就是为创造人类而存在。植物之所以存在,它是为供人类食用的。树干之所以存在,是供人类建筑所用的。铁之所以存在,是供人类战争制造武器所用的。黄金的存在,当然是人类堕落的根源了。

主人与奴隶

古人曰：条条大路通罗马。其实，历史的路还不皆如此。雅典自始至终是一个城邦，雅典作为历史，也算是远古时代的一个活着的"见证人"。那时，由山川分割而成的一些江河湖泊构成了一个区域，这个区域也就构成了一个国家。有人说，等到海洋和山川都已不再成为人类的障碍，想必罗马一定能更加兴旺发达。天然屏障阿尔卑斯山脉虽然把意大利和北部隔离开了，但也未能阻碍罗马的发展强大。

意大利的全部地区都在罗马的统治之下，而且罗马还将手伸向了西西里岛，也伸向了高卢那片茂密的森林。就这样，罗马的疆域向四外逐渐地扩展，就像罗马的街道不断延伸一样。罗马的街道也很有特色，从罗马的市中心向四面八方，皆是宽阔笔直的八角形石板道路。而且那些宽广的大道，起点就是福鲁姆、罗马城内广场的镀金路标。从这里向北直通莱茵河与多瑙河，向南至西西里，向东通往拜占庭，向西直到西班牙。这些道路穿越在山洞、江河以及峡谷之中，要知道这些路，是人们用石头做成的桥墩架起来的桥梁，就在那些人造的桥梁上继续延伸着。这些道路直通向海洋，又有陆路改变成水路。水路向着不列颠和非洲以及希腊等地继续延伸。

其实，在希腊殖民地那边的港湾里就有现成的船舶，所以，不需要罗马人去费力气征服大海。罗马人有现成的海上交通工具，靠这些，他们会很顺利地凭借手中的剑建立起一支海上舰队……

这正所谓"条条大路通罗马"。也就在通往罗马的条条大路上，一些满载而归的商队和船舶正朝着罗马的方向悠然前进着。看吧，食用的谷物、抄书的纸莎草纸、磨光的石头和彩色的玻璃碗杯，真是应有尽有，这些都是从埃及运来的。那些产自帕罗斯的大理石、科林斯的青铜、俄罗斯的葡萄酒、美塔斯的蜂蜜、萨摩斯的孔雀和来自米洛斯的鹤,都是从希腊那边运来的。鹤肉和孔雀肉,是罗马富贵人家的宴席上少不了的美味佳肴。况且,西班牙人还为罗马送去了酒和粮食,以及树脂、蜡、黄金及白银。那些来自西班牙的火腿和牡蛎,在罗马市场的价格都是很昂贵的。高卢人也给罗马送来了酒和粮食,罗马的奴隶身上穿的衬衣就是高卢的产品。产自高卢的红呢子,在罗马市场的价格也很昂贵,它的价钱并不比东方紫绒便宜多少。罗马人还从不列颠运来了锡,与此同时,厄尔巴沿岸的人也给罗马人送来了琥珀。

在很遥远的地方,蜿蜒流淌着顿河和伏尔加河,以及延绵起伏的阿尔泰山和乌拉尔山脉。在那些陡峻的山坡上,有人正埋头苦干,汗流浃背地淘着金子;还有使用弓箭满山奔波捕猎野兽的猎户。另有一些,生活在里海沿岸附近草原上的西徐亚人,他们在广袤的草原上过着游牧式的生活。亚速海沿岸的黄金和皮毛就是由西徐亚人运来的,西徐亚的农夫赶着犍牛整日蹒跚在第聂伯河的沿岸。西徐亚从刻赤和塔乃斯城,运来的黄金、谷物和毛皮又经希腊的水手们运往罗马和拜占庭。

山地和沙漠上,隐隐约约行走着的一个个骆驼队。它们是由阿拉伯、印度、中国和中亚细亚所组成的东方世界运送香料、没药子、胡椒、丁香、宝石以及珍珠的队伍。中国的花瓶和华丽的丝织物,也是驼队们倒卖商品的主

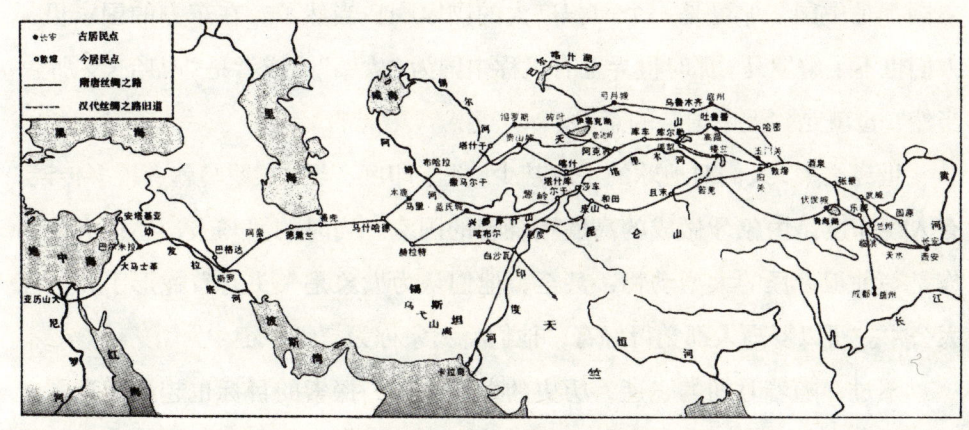

▲丝绸之路

要对象。

其实还有一条广为人知的海路,在斯里兰卡附近的大片海域,那里有乘风破浪的船队,人们正用椰子木的平底船,满载着丝绸由中国而来。印度的西海岸——马拉巴海岸也有人正将货物转送到埃及的船舶上。在熟练领港者的护送之下,船舶冒险前行。数日之间,船长和水手们漂泊在茫茫的海面上,直到抵达红海之滨,他们才算结束了远洋航程。

那时已经有人研究如何连接大海了,尼罗河与红海之间的苏伊士运河,就是一条人工运河。中国的船队可以通过那里,再顺着尼罗河水驶向亚历山大里亚,通过水路,从而顺利地把货物送往罗马。

在罗马繁华的大街上,随处可以看到打扮入时的贵妇们,她们正用那纤细优雅的手指挑选着丝绸。那么,是谁用双手编织了那么华丽而窸窣作响的丝绸?又是谁设计出那么精美而复杂的图案呢?当然,这些对于那些穿戴不愁的贵妇们来说是无需关心的。其实,就连当时罗马通晓地理知识的专家,也都搞不清楚丝绸之国的准确位置。当时那些出名的罗马地理学家,都认为有两个丝绸之国。一个是秦国人住的国家,可以从罗马水路直接通往那里。另一个是由"丝人"住的国家,他们在东方的沙漠附近,也是陆路的最远方。可谁能知道"秦人"和"丝人"都是中国人呢!其实他们心目中的两大丝绸之国都是中国,那可是一个面积广大的国家啊!当然了,在东方的国家里,人们也不了解罗马。那时世界上有人称中国为"大秦",或者是"马哈·支那",当然,也就是"大中国"的意思。

世界之大,人们对地球的了解甚少。关于印度,当时在罗马就有很多传说,有人说印度是由象牙做成的高墙围绕着的国家。当时的罗马人,还把大象当作是一种很奇怪的大型动物,甚至,他们认为大象是一头有着蛇形手臂的巨大公牛。所以罗马人都觉得好奇,他们将大象称为"蛇手犍牛"。

不过,随着时间的飞逝,历史的发展,人们探索的目标也越来越远了。公元初,在印度这块土地上,来自罗马的商人已经成为常客。那时,很多地方的一些大型建筑，比如：罗马庙宇，里面奉祀着皇帝奥古斯都[1]的神像，已经在印度、在马拉巴的沿岸随处可见。而罗马在奥古斯都皇帝的命令下，人们也修建起了一座大房子。那里面存放着一幅巨大的帝国版图，专供给人们观赏。解说员介绍说，就是那幅地图向人类首次全面地展示了这个广袤壮观的世界。在那幅地图上，人们不仅可以找到任何一个国家，甚至秦人的疆域。而且，地图上也描绘了在苏格兰的地域，以及图勒岛的区域。

当时看来，罗马就是世界的中心，也是人们向往的天堂。无论哪里的货物，都可以通过四通八达的道路运送到罗马。北方的顿河，那时人们称之为塔乃斯河，东方的乌浒河，也就是现在的阿姆河，西边的塔梅查河，也就是现在的泰晤士河，而世界最长的尼罗河，就发源于南方的非洲高原上。不管是巴勒斯坦的、埃及的、印度的还是科尔咯斯的，那时所有的码头和港湾，几乎都成了人们前往罗马旅途的中转驿站。

当时，天南地北的财富源源不断地聚集于此，那么，罗马能有什么值钱物品与其交换呢？要知道，罗马只有很少的可以外卖的货物。奥斯替亚港口在罗马的旁边，那里有无数的羊毛、油和酒，人们把这些货物装上船舶可以出售。罗马还有那些手工匠们的手工艺术制品，也可以出口，这些东西被运往高卢，或运往北方。区区这些小物件，怎能与世界各地向罗马输送供应的那些物产相比呢？简直无法相提并论啊！

当时人们对东方世界想入非非，为了得到中国和印度这些国家的财物，罗马人毫不吝惜地大量投注金银。他们花钱如流水一般，源源不断地从这些国家换回无数的蓝宝石、红宝石、丝绸等物品。至今，细心的人们偶尔还能在恒河、印度河附近的地下，发现那些古时的罗马货币。当然，那时也有伪造的货币，比如：第那留斯和赛斯忒斯，在这些罗马人流通的货币中就能发现假币。罗马人自以为很聪明，也许他们以罗马人而骄傲，竟然不知羞耻地

---

1 "奥古斯都"，有庄严神圣的意思。公元前27年，罗马执政官屋大维（公元前63～公元后14年）担任了罗马帝国的元首，获得了"奥古斯都"的尊号。屋大维虽未称帝，但他实际上是罗马帝国的第一个皇帝

欺骗忠厚的印度人，也难怪，那时很多印度人还难以辨别货币的真假。

有人可能要问，罗马人怎么拥有那么多金钱，哪来的呢？答案很明确，因为，罗马人掠夺着被他们侵略的各个民族长达两个世纪。被他们征服的那些城市，都要付出上千塔兰特的。当时的罗马人有个不易更改的原则，就是战败者必须支付战胜者的开销，那些战败者也就是被征服者，就要理所当然地给罗马人付款了。于是乎，四面八方的上百艘船舶，浩浩荡荡，载满了金钱和其他货物都向罗马驶来。当然，运送东西的货船有时不顺，中途也有一些船舶沉没海洋。遇到这种情况，那些宝贵的黄金也就被沉没于海底，永远长眠在那些奇形怪状的海绵和海葵之间。

罗马人很好战，大多男人都喜欢离家而参与战争。不过有好处，每一次战争凯旋之时，将军们摇身一变就成了百万富翁。甚至，那些普通士兵也有机会捞上一笔，尤其一些高贵家族里的青年们，他们平时吃喝嫖赌，挥霍无度，往往债台高筑。为了偿还债务，摆脱纠缠不休的债主，他们很乐意离开罗马去参加战争。等到他们战胜回国，也就发了大财，那时，即便再高的高利贷也都不成问题了。哪怕用他们得来的两枚第那留斯，来抵付欠款的一枚第那留斯，他们也绝不心疼，因为战争来钱容易。战争中，跟随凯撒将军队伍后面的，往往还有那些从事货物估价的、兑换金钱的以及高利贷者，当然也有买卖奴隶和黄金的罗马商人，这些人跟随着队伍不仅仅去过高卢，还去过世界很多地方。

不要以为罗马人都是胆小鬼，其实他们是敢于出征的，罗马军团的战士们很勇猛果断。在无情的箭弩雨点般射来的时候，他们很机智，而且，能奇迹般地在波涛汹涌的激流上架起桥梁。战争困境中，他们义无反顾地深入茂密的森林，要知道那种情形之下，每一棵树木的背后都有可能是敌人的藏身之处。

罗马人生活都很富足，他们之所以这么冒险，为什么呢？难道仅仅是想让高卢流落到那些高利贷者们的手里？罗马人曾经开玩笑说：在罗马，如果不想在兑换商人手里的收支账簿上留下痕迹,那么这样的人在高卢,就连一文钱、一个赛斯忒斯都不可能去动用。

罗马最贪婪的是那些包税人和高利贷者,他们成群结队地去抢掠那些行省。在罗马,掠夺现象自始至终延续着,公元前31年,罗马的政治制度改变了,罗马由原来的共和国改变为罗马帝国。然而,对于那些被征服了的民族来说,无论男人女人,还是大人孩子,他们依然处于水深火热之中。因为,制度改变了但本质并没有变,从此,罗马将以一种新的掠夺方式来对他们进行欺压。新制度实施后,曾经是罗马共和国里的那些生意人,已被罗马帝国的官吏所取代。为了制止那些逃税人员,他们对各个行省的居民人口都进行了调查核实,调查的结果证实,罗马人和非罗马人的比例是:1:15。因此,非罗马人就理所当然地去养活那些罗马人,也就是多数人供养少数人。

▲奴隶

罗马那些四通八达的道路,如同罗马侵略的巨大魔掌向外伸展着。他们还有什么欲望?那些巨大的魔掌还要干什么?看看就知道了,那些被征服区域的人们沦落成为他们的奴隶,这是他们的主要目的。其实,在这个世界上,无论什么东西,只要是有用的,都是魔掌所需要的。

在罗马的市场上,那些自由而精明透顶的奴隶贩子们,大张旗鼓地贩卖全世界的奴隶。那些在脚上涂上了白垩粉的奴隶,证明他们是来自海外的;金黄色头发、淡蓝色眼睛的奴隶,他们的头上戴着桂冠,那就意味着这些人,是来自莱茵河附近的某个地方的俘虏;那些卷发的黑人当然就是从非洲运来的奴隶了⋯⋯

罗马的人际关系好像变戏法一样,有些人通过奴役别人,一下变为自由

▲奴隶市场

民了。其实,一再剥夺自由民,正是可恶的奴隶制度。在不同的区域,那些旧的战争总是不断地重复着,掌握大权的人与无权力的人之间总是斗争着,而且这种战争波及着所有地方所有的人。战争无非就是战败者与战胜者、穷人与富人、奴隶和自由民之间的战争。看上去似乎是历史重演,其实不是,正如人们所说"人不可能两次踏入同一条河流",因为历史是发展的,一切都是变化的。罗马人征服了地中海周围的国家,而雅典人却未能做到。

　　高卢和埃及等地,那里辛勤的农夫们总是埋头苦干,任劳任怨。他们从事着不同的农业生产,然而,他们劳作的成果却是供养罗马的公民们。不过,在罗马也有一些穷困潦倒的公民,他们除了拥有自己一群饥饿而消瘦的孩子,别无所有。况且,这些人早就失去了劳作的习惯。就如当初的雅典人一样,因为奴隶制度很多自由民失去了工作,贫困、饥饿时刻折磨着他们,于是,这些人在罗马城里到处游荡,甚至看到奢华的轿子,他们都嫉妒得难受,他们非常憎恨轿子里那些肥头大耳或者打扮入时的富翁和太太们。

　　那些华丽的轿子前面,时常有膀大腰圆、力大无比的黑人开路,他们蛮横地边走边推开道路两旁的百姓,这些黑人大都是来自印度或者非洲的仆从。抬轿子的,是身着红色号衣的奴隶,他们很卖力气地抬着轿子前行。轿子里的富翁,一副洋洋得意的样子。道路两旁总有很多围观的奴隶和食客,他们羡慕地围绕着轿子乱转。为了方便起见,轿夫奴隶们在轿子左右分别安放了小梯子，这样轿子停下来时，无论前后左右，主人就可以随意地下来。当人们看到被掀开的丝绸轿帘，主人身着白色的宽外袍飘然地走出来，那该是多么令人神往啊！那透着紧身紫衣束腰的宽外袍，可是由远道而来的，最精美的轻薄织物做成的呀。主人不紧不慢地将脚踏上阶梯，红色的短统靴再搭配上象牙的扣子，真的神气极了！一看穿着，就知道这是罗马城里最显贵、最高级的官吏。然而，那个高级官员的脸上并无喜悦之色，相反却透着一层冷漠的寒霜。因为，在他的周围环绕着的不是同豪，而都是令他厌恶的贫穷百姓。

与此同时，愁云不仅仅于少数人脸上显现，愁云也笼罩了所有的罗马人。因为，罗马有了贫富不均的状况，有的人财富堆积如山，也有人忍饥挨饿，沦落街头。罗马的社会乱作一团，坑蒙拐骗偷成了问题。为了治安起见，政府必须安抚那些吃不饱饭的罗马公民。于是乎，政府给他们分发免费粮食，

▲马戏表演

而且为他们提供娱乐场所，尽可能使他们活得开心。早在从前，罗马人的祖先还拥有土地、能够干活，自给自足。可是现在，到了他们的子孙后代，却只满足于温饱和表演娱乐。罗马人的活法很潇洒，只要有了粮食已经不在乎土地，只要拥有娱乐的时间和机会，已经不再劳作。罗马人到底从事的什么表演呢？看看便知道了，他们今天去玛斯神广场观看蟒蛇大战犀牛，明天又去马戏场欣赏精彩绝伦的表演，而且这些表演大都是奉皇帝之命，举行的令人耳目一新，大开眼界的精彩活动。

人与兽

表演场，成千上万的观众焦急地等待着即将开始的表演。忽然发现，12扇大门几乎同时打开，一群群野兽拥了出来，它们进入斗技场。这里的舞台，一下子呈现了马戏场奇怪的动物集会。哆哆嗦嗦的羚羊站在凶恶的豹子身边，狮子张开血盆大口，兔子被吓得缩成了一个团，狗熊躲在大象的身后，偷眼观看群众。在这里没有牢笼，似乎正酝酿着一场动物血腥的厮杀竞争。

然而情况并非如此，那些被驯服过的豹子戴着轭具，豹子竟然同羚羊一道驾车前行。狮子用牙齿衔着兔子小心翼翼地走来走去，非但并无伤害之意，而且似乎成了亲密的朋友，好像它衔着的不是兔子，而是自己的小狮子。狗熊坐在轿子上，神气十足。大象则像奴隶一样，呼哧呼哧地喘着粗气，低三下四地用脊背抬着轿子。呵呵，黄金时代到了，然而，这种充满和平意味的表演并未能打动观众。乏味的观众，早已把视线从斗技场转移到皇帝的包厢那边去了。因为那些和平相处的野兽，并不合观众的胃口，而皇帝和他的那些近侍们更能吸引人们的目光。无聊的观众们打哈欠、吹口哨，他们烦闷地等待着，希望能有更精彩的表演上场。

一刻工夫，斗技场上热闹起来，没有经过人驯服的野兽，终于换下了那些已经被人驯服的野兽们。当然了，温顺的羚羊和兔子无所事事。而其他上场的动物，要么有尖利的牙齿，要么有锋利的兽角，它们个个都暴露出了残忍凶狠的相目。瞧吧，大象和犀牛决斗，水牛和熊决斗，公牛和大象决斗。终于，

▲罗马角斗场

野兽们可以好好地斗一场了吧！然而，"演员们"却未能像人们想象的那样，它们并无大打出手之意。罗马观众们又失去了耐心，他们焦灼不安地踮起脚尖，期盼动物们快点打起来，也能解解乏，消消闷儿。正待人们着急之时，突然，几个人手持长鞭和燃着火的木头走上台去，他们试着用火和鞭子激怒台上的野兽。这下观众们兴奋起来，总可以如愿以偿了吧！野兽们受到骚扰，急得暴跳起来，它们开始互相扑杀。一会功夫，一些斗志高昂的野兽，牙齿和角上都沾满了鲜血。水牛的肚子裂开了，内脏"哗"地一下流了出来，掉在沙地场上。斗技场上弥漫着血腥的气味，观众们激动地欢蹦乱跳，斗技场上真的活跃起来了。

罗马人不只是观赏野兽流血，他们还喜欢观看活人流血。斗技场上，人们兴奋地看着一个人走上台来，他与阿拉伯狮子开始决斗。那个人只有手里的一柄剑，再也没有其他任何武器防护了。他力大无穷，而且动作灵活，前后左右，非常机智地保卫着自己的性命。狮子也不甘示弱，毛茸茸的肚皮贴着地面，虎视眈眈，正作一跃而起的姿势。不过，人更快，非常神速地冲了过去，并骑在狮子的背上。只见那人一手抓住了狮鬃，而另一只手举起了剑。此时，观众们禁不住站了起来，想要看个究竟。比赛是否到此结束？这场决

斗是否已经决定了胜负？不好！狮子挣脱着并掉转身子，一下子将人摔在地上。狮子用它那强大的爪子按了上去，"啊呀！"惨叫一声，顿时，沙地上涌现了一滩鲜血。"真棒！真棒！……"此时，斗技场上又是一片欢腾，罗马观众，这才一个个露出了满意的微笑。一条人命呀！

看到这里，你一定觉得太残忍了！但对于罗马人来说，并不以为然。观赏中还有更刺激人的表演呢！不久，斗技场上又竖起了很多根柱子，一些男的、女的、老的、少的，很多死刑犯被绑在了柱子上。这是干什么呀？他们为什么犯罪，为什么又被绑在这里？这些犯人中，有的是纵火罪，有的是偷盗罪，也有战犯罪，总之犯罪的原因各异。此时此刻，在这里无论哪一种罪过，惩罚的方式都是一样的，他们无法逃避的死罪。瞧，野兽们又上场了，这次充当刽子手的不是人，却竟然是那些野兽。为了能激起它们的斗志，人们故意之前将它们饿得半死。而此时，那些赤手空拳被绑在柱子上的牺牲品，哪里还有力气和能力与野兽们拼搏啊？他们一个个惊恐地贴在柱子上，有的竟然闭上了眼睛，不敢观看眼前的猛兽……台下上千罗马的观众，"吃了他！吃了他！"人们发出狂喜而恐怖的呼喊声，喊声掩盖了野兽们的咆哮，也掩盖了欲死之人的哭号，喊声震撼着苍天的无情。

尽管这样，罗马人还觉得不够刺激。在他们看来，无论野兽咬死人或者人杀死野兽都没有什么好奇怪的。因为，他们的欣赏水准很高，口味很重，他们还在等着更加令人震惊的表演。如果能亲眼看见人杀人、同胞、亲戚、朋友互相残杀，那该多有意思啊！那才算绝妙无比呢。于是，在罗马的斗技场上，"角斗士的游戏"经常更换激战着。一个个被剑或矛刺伤了的战士，他们相继倒下。人们欣赏着那痉挛着的，一息尚存的战士，活活地被人用搭钩竿拖进停尸场。他们一点也不惊慌，不足为奇。罗马人真会玩，竟然能玩出世界种种的花样来！

就这样，一个世纪又个一世纪过去了。难道人类进步就意味着人将变得禽兽不如吗？可在罗马这个马戏场里，有上千的观众。难道在他们中间，就没有一个人感觉这种游戏玩得过火吗？没有人觉得参与的人和欣赏的人都太残忍了吗？没有人觉得这样玩下去实在不妥吗？难道就没有一个人站出来大声说一句"够了"，别再玩这种人性伤残的游戏了！呵呵，别说！还真有这么一个人，他就是哲学家塞涅卡。他实在忍受不了这种玩法了，他气愤地从皇帝包厢里的荣誉座位上站起来，他看不下去了，他再也不愿意看下去，也不想同任何人告别，就大步流星地向出口走去。身后有人嗤之以鼻，他不在意，随便别人怎么说，怎么猜吧，反正他是再也不想"观赏"这种场面了。

▲角斗士的游戏

　　塞涅卡回到家的第一件事，就是对着他的文书开始口授："中午我偶然去看了一场表演，本以为会有滑稽绝好的演出，能够调节一下心情，能够让曾经观看过血腥表演的眼睛，得到暂时的休息。可事与愿违，让我看到的，是比以前看到的流血表演更残忍的事实。相比之下，以前看到的那些流血表演似乎还算温和得多。这次表演非同一般，它让人欣赏的不是表演艺术和技巧，而是让人欣赏的人类最残忍的杀戮行为啊！那些毫无保护也毫无抵抗能力的人们，他们的生命是那么不堪一击！他们的命运是那么糟糕！而欣赏的观众却欣喜若狂，罗马人看了竟然喜欢得不得了。惨剧，真的是惨剧啊！

"这究竟是什么比赛？这种行当是否正确？那些巧妙的安排——击剑法、甲胄——到底为了什么？难道为了同死亡者讨价还价吗？一大早，演技者就被送给了狗熊、狮子们撕咬，中午他们又被送给了取乐的观众。观众们津津有味地欣赏着那些杀死过敌人的人，而胜利者们将和杀死他们的人进行决斗，结果将是要命的。观众为了看到人与人交战，竟然还动用了火和铁。

"或许会有人喊：'那人是个贼！''这个人杀了人！'不错，他们杀了人应该上刑场，应该受到应有的惩罚。但是你呢？亲爱的观众！你究竟做了什么？你竟然要被迫来看这种血腥的惨剧呢？还是活得太无聊！'火！鞭子！置他于死地！'观众们叫喊着，'这人完蛋，手太轻！就那么跌倒了，不够坚强！他死得也太不美观了！'那些人在鞭子的驱使下交战，他们只能心甘情愿地，拼着命地搏斗，挺起赤裸的胸膛勇敢地迎接矛和剑。为了观众的愉悦，他们的表演应该更精彩，应该多杀几个人，那样更有刺激性，更能吸引观众。罗马人啊，你们的良知呢？难道你们竟然没有想过，恶有恶报的后果吗？"

塞涅卡过于激动停止了口授，他气愤地在室内踱来踱去。当然了，他也很矛盾，心里的怨愤无法倾诉。满腹的经纶对谁呼吁呢？罗马人？不，罗马人不是人，应该说他们是衣冠楚楚的禽兽。让他们宽恕，让他们怜悯下层的奴隶吗？岂不是天大的笑话！哲学家塞涅卡费尽脑汁，怎么都想不出太好的办法。怎样才能制止这种残害人类的游戏呢？于是他开始演讲，大街小巷，他向罗马人讲述，奴隶其实和罗马人一样，都是有血有肉有思想感情的动物。而且他们和罗马人一样，同在一片蓝天下生存，大家彼此呼吸着同样的空气，他们和你们一样，也经历着同样的生老病死。而那些矜持的罗马人听了，只是微微一笑，算是表示对他的敬意了。奴隶，他们是人，那我们是什么？岂有此理！一些罗马人絮絮叨叨地走开了。奴隶，他们是人啊！也可以是我们的朋友啊！塞涅卡真想对着全世界的人大声疾呼。但是，他怎么敢期待表里不一的罗马人改变呢？那可是禽兽不如的家伙呀！他们永远难以懂得人的情感。

塞涅卡焦灼而悲观地沉思："怎么改变呢？如果靠思想改变简直就是徒劳无益！命运，操纵着那些逆来顺受的人们，也逼迫着那些不甘屈服的人们必须忍受。奴隶无论怎么哀求，怎么抗争，命运都是无法改变的。残酷的命运啊，它不懂慈悲，也不理解亲情。无论天上的星星，还是地上的人，只能听从命运的安排了，一切顺从大自然规律的支配吧。"真的没有办法了吗？真的就这样永远忍受吗？当然不是。塞涅卡终于发现一点，人是有路可走的。

"值得尊敬的人们：只有拿出勇气接受命运的挑战，不屈不挠地和一切不合理去斗争，最终会改变一切的。"

奴隶的反抗

在罗马，已经有很多人在默默地沉思了："我该怎么办？"难道人们就这样低下头任人凌辱？就像哲学家塞涅卡说的那样：要么耐心地等待着命运的折磨，要么起来反抗，勇敢地向命运挑战！

顺从就意味着，老老实实地活着。让别人在自己的额上打上奴隶的烙印，还心安理得地安慰自己，我是奴隶，命该如此！奴隶的精神永远属于自己，只不过将肉体出卖给主人罢了。不顺从那就得起来反抗，手持盾牌，拿起刀剑，为自由而战，当然反抗就不能怕死。上千人在沉思中，终于有清醒者找到了答案：与其做奴隶过着非人的生活，任人宰割，还不如去死！

罗马人永远不会忘记，角斗士斯巴达克[1]的起义。角斗士与奴隶的区别，仅仅是他们的存在只是供人玩耍、娱乐，而不需要像奴隶那样干活。他们作为"玩具"在大庭广众之下任人耍弄，任人摧毁，角斗士的魅力仅在于此。

---

1 斯巴达克（公元前？~公元前71年）是意大利加普亚城的角斗士奴隶，不堪虐待，于公元前73年密谋反抗。事情被泄露，他带领70多个同伴在附近的维苏威火山举行起义，并转战各地，公元前71年，起义失败。

▲斯巴达克起义

在罗马,虽然皇宫的爵士、富豪皆让人羡慕,然而,却没有谁能像角斗士斯巴达克,令人崇拜得五体投地。他肌腱发达,力大无比,形如巨人,因此被选入角斗士学校。当然,斯巴达克的伟大之处不只是这些,更能令人饮佩的是他的精神。他伟大的举动让人震撼,给了那些底层人、受压迫者以无穷的力量。与其说斯巴达克像个奴隶,倒不如说,他更像一个学识渊博的希腊人,还有人认为他就是神。

狭小而阴暗的屋子里,斯巴达克躺在一堆干树叶子上打盹。他在那里,静静地,无数次地追忆着自己的故乡,他思念着故乡的色雷斯森林和山川。他和朋友们一样,也渴望着过上自由的生活。而且,他不仅仅希望自己能得到自由,他更希望天下所有的奴隶、所有的角斗士都能够获得自由,获得重生。斯巴达克实在无法忍受这种"玩具"似的生活,无法忍受被人玩弄甚至任人毁灭的命运。他也看到了,周围那些身强力壮的角斗士们,他们宁愿屈服于命运,忍受观众们残忍的目光,和同命相连的人惨斗,而不愿意行动,不去拿起手中的盾和剑起来反抗,这是何等的愚昧和无知啊!

于是,每当他能够和朋友们单独一起聊天的时候,就忍不住偷偷地教唆他们:你们是人,你们不该沦为奴隶,你们应该清醒自己做的一切,应该起来为自己的命运抗争啊。时间一天天地过去了,有些人受他的影响,听他指使。斯巴达克一直准备着号召起义,他要领导角斗士们起来反抗了。于是,他暗暗地将他的追随者们组成一个队伍,并分成小组,选拔有经验的人做领导。

角斗士们早已埋藏好了刀剑，万事俱备，只差勇敢地拿起武器了。不幸的是，他们酝酿起义的事情被罗马人识破了。一天，罗马军队突然包围了角斗士学校，并开始了对那些手无寸铁的人们大肆屠杀。情急之下，斯巴达克领着少数同伴逃出重围。

斯巴达克带着小部分队伍逃上了维苏威火山，山势险峻，大队敌人无法上攻。于是，敌人包围了山下并封锁了山下的所有道路。斯巴达克的小队伍被围困在山上，他们在维苏威火山顶布置起了防御工事。当时，斯巴达克的行动影响了周边的奴隶们，一些逃亡的奴隶和角斗士，也从四面八方赶来投奔斯巴达克的队伍。甚至一些自由民也被感动，加入进去，自由民除了拥有身上的破衣服别无所有，不过他们有人身自由。这样山下山上的起义军和罗马帝国的军队展开了生死搏斗。山上的人们，在山顶上建造了一个临时的窝，他们像老鹰一般驻扎下来。罗马人的军队切断了通往维苏威山的路口，而且在下面布下重重陷阱。维苏威山四周都是悬崖峭壁，唯有的一条路早在他们控制之中。他们认为起义者无处可逃，那些身经百战的罗马将士，自以为所有的角斗士都受他们控制。于是，他们洋洋得意地喧嚣，与其说与奴隶们打仗，倒不如说自己是在打猎。既然"野兽"都已经落入陷阱，还着急什么呢？一些人开始吃喝玩乐，大意疏忽。岂不料，一日之间罗马将军却付出了沉重的代价。

假如真的是野兽的确难以逃脱他们的陷阱，然而，聪明勇敢的角斗士不是野兽，他们是人。而且，他们拥有人类高超的智慧，有能干的双手，特定情况下，他们做出了罗马人意想不到的事情。角斗士和奴隶们将柔软的藤条编织成绳梯，趁着夜深人静，他们悄悄地从山顶爬到了深谷。不久，斯巴达克的队伍包围了罗马人的军队，当罗马将士们还沉浸在得意忘形之际，不知不觉就被斯巴达克的军队击溃了。斗技场上，罗马人曾经无数次地欣赏角斗士们的演技，而此时此刻，怎么也料想不到自己也会加入斗技活动之中。

罗马军队节节败退，在激烈的交战中，一支由斯巴达克领导的起义队伍成长起来了。现在，追随他的不仅仅是几十个角斗士了，而是由上千个拥有

"征服者"罗马

完备武器的战士。那些来自四面八方的奴隶们，手持劳动工具，叉耙、镰刀、锤子、炙肉叉等等，都已经被变成了起义者的武器。起义军奔到罗马人的军营后，在那里不仅打败一部分军队士兵，还缴获了罗马人的盾牌和剑。起义者们树立起自己的标志：一支长矛，一顶红色便帽。因为当时的习惯，带上红色的帽子意味着奴隶们已经恢复了自由。看到这样的标志，奴隶们似乎有了自由的希望，就有了坚持斗争到底的信念。他们渴望自由后能返回故乡，回到那日耳曼茂密的森林，回到高卢亲切而熟悉的乡村，也回到梦寐以求的亲人怀抱。那些饱受沧桑、压抑、曾经逆来顺受的人们，终于找回了属于人类的自尊，而且有了支配自己命运的自豪感。

奴隶大军浩浩荡荡，在意大利的沃土上缓缓地前进着，他们不仅击败了罗马的军团，而且，强迫城市里的贵族老爷们向自己投降。老谋深算的罗马元老院的议员们，渐渐意识到大事不妙，知道这已经不是简单的逃亡奴隶们的起义了，如今已经演变成了非常严重的大规模战争。在他们看来，斯巴达克是个地地道道的野蛮人，可他们怎么也没有预料到，如此野蛮的斯巴达克，却拥有胜于罗马将官的战略战术。尽管他们看不起斯巴达克，可也不得不佩服此人的能力。

罗马人之所以失败，是因为他们开始太轻敌，而斯巴达克的将士们，却一直面对着严酷的现实。斯巴达克很清楚，如此强大的罗马军队并不易对付。他只希望速战速决，趁着胜利赶紧将奴隶带走，他想带着他们翻过阿尔卑斯山，然后放那些背井离乡的奴隶们回家。也许他有预感，被罗马统治的所有奴隶必将起义。他也明白，人们经历过苦与难的教训，一定不希望自己的后代重蹈覆辙，不希望孩子再过现在的生活。

可是，被他激化了的奴隶们已经失去了返乡的念头。他们只希望打败罗马军队，他们需要报仇，他们希望那些曾经殴打自己的暴君，也尝尝被手铐、脚铐紧紧锁着的滋味，也想让他们忍受一下被鞭子抽打的疼痛。那些曾经被罗马人玩弄于角斗场的角斗士们，也想让罗马人忍受一下角斗士们被人愚弄玩耍的感觉。他们还希望抢回自己曾经辛苦创造的财富，所以，起义军们不达到目的决不回家。

十万起义大军，在斯巴达克的率领下，浩浩荡荡地向罗马开去。元老院乱成一窝粥，面对突如其来的起义队伍，他们不知道如何应付。于是，急着召集所有军团前

▲ 起义大军在斯巴达克的率领下，浩浩荡荡向罗马开去

去迎战，就这样在罗马展开了一场奴隶和奴隶主殊死的决战。那时，并未开始采用全新的封建制度，奴隶制度的根基依然很稳固。斯巴达克的军队也没有制定更完善的能够替代奴隶制的统治制度。斯巴达克的军纪严格，他禁止自己的军队杀人和抢掠，然而，苦大仇深的奴隶未必能这样想。因此，队伍出现了分歧，战争的困难也让很多起义者产生了顾虑。陆陆续续地一些小分队离开了斯巴达克的大军，这样，正中了罗马军队的陷阱。然而，开小差的那些分队，离开斯巴达克后，很快就被罗马人包围并消灭了。

几经辗转，历尽苦难，很多事情也让斯巴达克大伤脑筋。因此，他也已经不再敢奢望胜利了，一路上，他们突破重重包围，抵挡着罗马人的军队，只希望逃离。悲剧就在于此，奴隶们和罗马军队决战，斯巴达克一直在队伍的前面开路。他奋力迎战，起义处于紧要关头，由于分离了部分军队，力量削弱，结果损失惨重。最后，斯巴达克和他的上千名战士一起死在罗马人的手中。

斯巴达克起义，以奴隶主胜利而告终。罗马人征服了奴隶，胜利者更加猖獗，从罗马至加普亚[1]的路途，都被罗马人沿途钉上了上千个十字架。受磔

---

1 加普亚，古意大利的坎巴尼亚地区首城，在今天的那不勒斯附近。斯巴达克原来是加普亚的角斗士奴隶。

刑的人全都被钉在那竖立起来的十字架上，看，多么歹毒吧！这里的林荫道，就是用这些可怕的"树木"建造而成的。这些"树"的上面只有横木，没有树枝，而横木上钉着的是活生生的人，是那些不服气的奴隶和角斗士们。罗马人的目的，是让奴隶们永远打消起义的念头。然而，奴隶们怎能忘却斯巴达克？年老的长者自豪地对着年轻的人们，讲述着斯巴达克领导的队伍，曾经取得的伟大胜利。讲诉他们是怎样宁死不屈，讲述他们是怎样壮烈地牺牲。青年人自然受到感染，他们听着想着：是啊！能够这样死去值得，能够这样轰轰烈烈地死在战场上，也比做奴隶强百倍！

尽管，斯巴达克的起义失败了，但是，后来的起义却没有停止。因为，一个斯巴达克倒下，更多的斯巴达克站出来。他们没完没了地和敌人周旋，让罗马人无可奈何，让这种奴隶制度动荡不安。当然，要想结束起义除非解除奴隶制度，斯巴达克起义影响深远，很多受到奴役的其他民族，也纷纷起来反抗。接连不断的起义运动，使得罗马帝国的堡垒摇摇欲坠，自然也冲击着罗马人的气势。

普卢塔克是当时的历史学家，他亲眼目睹了很多奴隶起义的壮烈场面，他看到了那些不肯忍受奴役的居民，宁愿死都不愿再做奴隶。于是，他对世人惊奇地讲述了当时的情景："自杀的不仅仅是男人和女人，就连年幼的孩子也惨叫着，痛苦地主动从墙上跳下。或者，跪在亲人面前，将脖子暴露给自己的父亲，让父亲动手用自己的剑杀了他，或者，纵然投进火海。"

面对种种情景，胜利者也感到震惊，他们甚至害怕，真的很怕了。那些罗马将军不得不退却，他们下令：罗马战士每救活一个吕西亚人可以得到一份奖赏。尽管有悬赏的命令，还是有很多人非死不可，因为吕西亚人知道，只有一死，才能改变他们被沦为奴隶的事实。

这种想法、这种做法不仅仅是吕西亚人，那时，各地的受苦民众都在反抗。为了自由他们一直斗争，直到罗马城墙化为废墟的那一刻，斗争都不曾停息。即便他们被征服也绝不肯被驯服，如同汹涌的波涛，起义此起彼伏。奴隶们纷纷起义，起义的浪涛冲击着罗马帝国的堡垒。尽管一次次起义被镇压，但每一次起义都无不动摇着可恶的奴隶制度。不屈不挠的民族从各个方面打击罗马政府，罗马军队真是顾此失彼，难以抵挡。罗马的士兵渐渐地减少，他们把希望寄托在自己手中的那些"野蛮人"。他们竟然强迫手下的奴隶，去和那些拥有自由的起义军打仗。然而，那些被从高卢或者日耳曼招募来的奴隶军队在作战中，往往不听使唤，他们经常掉转方向，将剑指向罗马人。对于罗马人来说，对付西方的民族已经很困难，然而对付东方人，也让他们感到很头疼……

犹太与罗马是一场弱与强的战争

沿着罗马的大道，队伍在军号声中前行，杂沓的脚步声和攻城的抛石机、弩炮和破城槌的轰响震动整个大地。战争势如破竹，哪怕是再深的堑壕或者再厚的石头城墙都难以阻挡。军团所到之处，烧杀掠夺，城市变成了废墟，丛林、田园、葡萄园皆已成为茫茫的沙漠。

军团的目的是什么呢？他们要征服印度，然后再绕过本都、高加索，去入侵西徐亚，最后，在回家的途中将罗马的版图重新划一个圈。他们企图想把罗马的边界扩张到"世界的边界"——大洋那边，这才是统帅尤里乌斯·凯撒对他们远征的要求。

不顺利的是，没等他们到达印度却

▲阿格利巴

遇见了小小的犹太人。虽然犹太人曾经被罗马征服，可如今犹太人死活不屈服于罗马军队。他们拥有坚强的战士和坚固的防御工事，他们也制造了一些投掷武器，可比起强大的罗马军队依然是微不足道。尽管如此，犹太人也还是不断起义，他们誓死要对抗罗马。那么小小的犹太，凭什么可以对抗强敌罗马呢？

那些来自多山的加利利黑肤色农民中，有高大魁梧的，也有驼背弯腰的耶路撒冷老工匠，他们都拿起武器，准备反抗。当然也有不肯打仗的胆小鬼，就是那些显贵富人，他们亲近罗马军队，对待罗马总督比对待城郊的贫民客气多了。更可恶的是，犹太的国主阿格利巴，竟然低三下四地领着一小队人马去给罗马人帮忙。

罗马人打算出动一个军团，在两周之内攻下耶路撒冷。他们按预计行动，可笑的是，他们有两个军团竟然临阵脱逃。犹太人乘胜追击歼灭了他们，而且缴获了罗马人最好的战斗武器。就连罗马士兵供奉的"罗马金鹰"，也被犹太人劈得粉碎并扔至街上。

罗马人接受教训，几个月后，他们想卷土重来，并派出三个军团前来骚扰。这次，跟随罗马军团的，还有叙利亚派遣来的上千骑士和射手。大军所到之处，如蚕食桑叶一般，不费吹灰之力就收拾了那里的橄榄林、雪松、笠松和葡萄园。然而，他们对耶路撒冷的合围却并不顺利，战争持续一个多月，就连那最小的城堡也敢和他们对抗，而且是不屈不挠，视死如归。

作战中罗马人终于明白，眼前的敌人是一个充满了力量的集体。于是，他们又展开了对耶路撒冷的第三次进攻。罗马人先派出两个军团打败埃及，随之又动用四个军团征服日耳曼人，在这次进攻中，他们损失不小，最后以10个军团才攻下耶路撒冷。而且罗马的每个军团就有6000个士兵，这些庞大的精英队伍是由皇帝的儿子亲自统帅出征。

对罗马军队来说，众多民族中最难攻破的就是犹太。一旦犹太人胜利了，它将影响所有被罗马征服的民族。所以罗马不惜一切代价攻打犹太，战争越打越激烈,战势有时对罗马军队也不太顺利。此时,已经有很多令他们忧心的事情,接二连三地从高卢和日耳曼的战场传来。

对犹太人来说,硬打硬拼肯定是不利的,他们只能靠自己的实力以守为攻。四道可怕的障壁慢慢地向军队压来,敌军高达几层的攻城炮塔,笨重的装甲武器车沿着障壁慢慢地向前爬行。这边犹太人忙着挖地道,那边罗马人载着先进的武器准备攻城。就在此时,突然,大地裂开一道口子,罗马人连同他们的武器一股脑地被大地吞没了。似乎是天意,或许上苍不愿意再看到这些怪物们在大地上胡作非为。

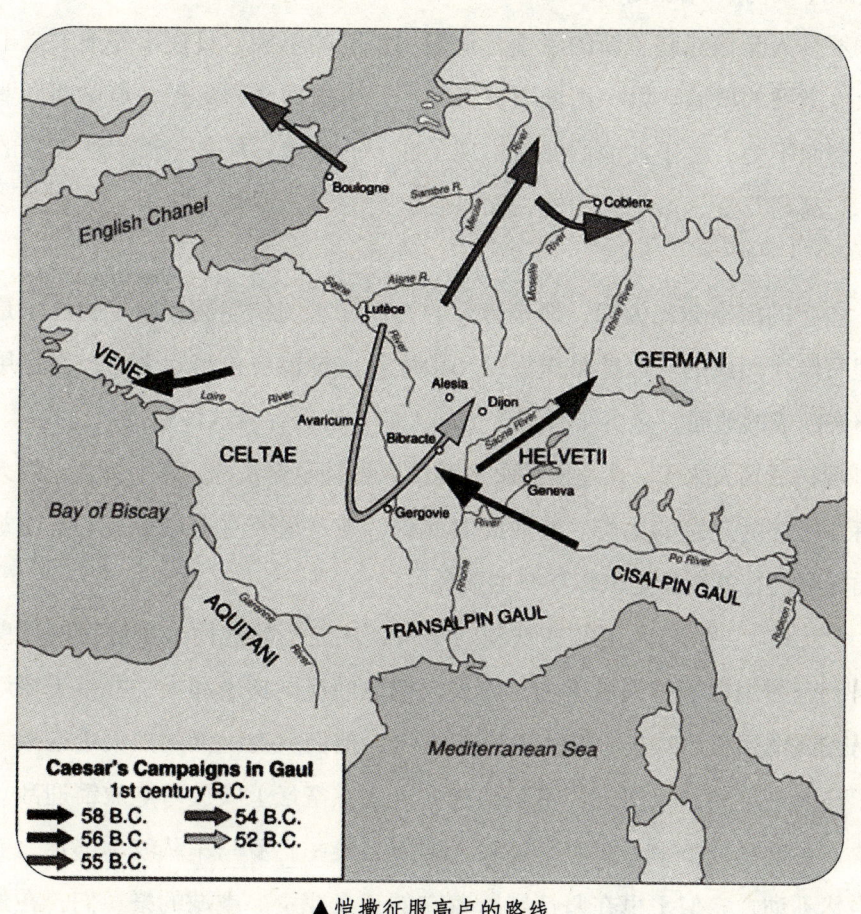

▲恺撒征服高卢的路线

见此情景，剩下的罗马人吓坏了，索性不再攻城，干脆给犹太人制造一些饥荒。于是罗马人在城墙的周围又修建起一堵长长的新墙，那墙足以将耶路撒冷与外界隔绝开来……不出所料，城里缺粮，耶路撒冷真的闹起了饥荒。死人无数，几乎没有地方埋葬，无奈之下他们只能将尸体从墙上扔进护城河。此时的罗马人，等在城外，他们预备抓那些饥饿难忍逃亡的犹太人。罗马军队下令，只要抓住幸存下来的逃亡者，一定要把他们钉在十字架上。那些早已备好的十字架，上面盘旋着饥饿的乌鸦，附近山上的野狼隐没于青草下，荒原上的豺豹也正饥饿难耐。此时，城里的人不断饿死，尽管如此，坚强的耶路撒冷人仍旧不愿投降。

罗马人又修建起了新的障壁，他们用铁制的羊头，日夜不停地去撞击耶路撒冷坚硬的城墙。第一道城墙被推到了，可里面又露出另一道城墙。罗马军队锲而不舍，终于在他们面前出现了庙宇的高墙。那是一道无法攻取的城堡，它高高耸立于城中的山岗，而且是金碧辉煌。罗马军队第一次赏鉴这样的堡垒。

庙宇的屋顶金光闪闪，那是智慧的人们汗水的结晶啊！庙宇的柱子是由大理石修建而成的。墙壁是用雪松和柏木做成护墙板包裹起来的，而且用石板镶嵌铺成的地面。多少年来，这里的人们一直保存着这件珍贵的文物。

现在罗马人来了，在他们的眼里其他人种都是野蛮的，算不得真正的人，只有自己才为正宗的人类。然而此时此刻，在这里究竟谁最野蛮？是建筑这人类堡垒的智慧者还是破坏堡垒的败类？

6天6夜，罗马人用那些铁制的羊头，接连不断地撞击着庙宇的墙壁。罗马人企图用梯子爬到城里去，犹太人把他们连同梯子和人一并推下城墙。罗马人试图用火力攻击，犹太人毫不畏惧，他们就在汹汹的烈火中迎战。待到罗马人进攻到祭坛附近，不料想犹太人就在祭坛上安放弩炮放箭迎敌。可以说，在这场战争中，庙宇是犹太人的最后堡垒。罗马军队绞尽脑汁，而庙宇岿然不动，它似乎也在坚持履行着它的正义职责。虔诚的祭司们，在烈火和滚滚的浓烟之中，做着礼拜唱着圣歌，丝毫没有退却之意。他们唱的是流传百世的胜利之歌，此时，歌声、哭泣声夹杂着战争的砰訇声音混合一起。犹太人的举动，可谓悲壮至极！暂存活着的人爬上屋顶，他们扯下庙宇的金顶，向敌人狠狠地砸去。当庙宇的屋顶在烈火中塌下的一刻，依然有人又高亢地唱起了圣歌。

这次战争中，罗马的战士收获颇多，他们从战场上还冒着浓烟的废墟中，拣回很多金制的器皿和蜡烛台。收敛财物，罗马士兵争先恐后，哪怕被掠获物压弯了腰他们也在所不辞……

事过几十年，被征服了的犹太人又起义了，这次起义是巴尔·柯赫巴领导的，巴尔·柯赫巴是"星辰的儿子"的意思。他带领犹太人不断操练，坚固堡垒，让战士们全副武装。而罗马人也紧锣密鼓，做好了充分的准备，他们找来了罗马人中最好的将军尤里·塞维鲁率领作战。

犹太人和从前一样，永远不肯屈服，凭借他们的智慧，不断更换新的作战技术。他们巧妙而灵活地将地道和堡垒连接起来，这样即便罗马人拿下一个堡垒，那么幸存者就能通过地道逃往到另一个堡垒。当时有位大名鼎鼎的历史学家高度评价："犹太是个不幸的民族，犹太人被罗马人驱逐自己的国土，但他们宁可钻到地下，也不想离开自己的故土。"

其实无论在哪儿，罗马人都不诚心战斗，因为他们战争的目的，无非就是想抢夺一些财物、粮食和水而已。尽管这样的战争持续了很久，但依然是拥有庞大队伍的罗马人占优势。由于寡不敌众，一个个堡垒被攻破，最后就连犹太人的领袖巴尔·柯赫巴也被他们打死了。

小小的犹太被沦为一片废墟，很多地方男人战死，而女人和孩子则被残酷的罗马军人活活地践踏或者杀死。有幸存者也被他们变卖了，价格比市场上的牛马还低。还有些幸存者，他们宁愿饿死在地道里也不肯上来。也有些无家可归的人躲过军队，踏着茫茫的沙漠逃亡异国他乡。大多城市空无人烟，犹太废墟变成了野兽出没之地。

▲罗马和犹太之间的战争

这就是罗马和犹太之间的战争,尽管一再坚持,最终犹太人也未能摆脱罗马人战争的绳索。不过大大小小的战争并没有停止,几个世纪之后,终于又有别的民族,彻底摧毁了罗马强国。

一所严厉残酷的学校

人类拥有了学校终究意味着进步,但这是一座严厉而残酷的学校。罗马的法律是,所有的权利都是奴隶主的,所有的义务则是奴隶们的,当然罗马的公民必须维护着他们的法律。这些编制形式十分巧妙的法律,直到今天,法学家们依然还在津津乐道地研究着。

罗马的工程师比希腊的匠师要高明得多。为了防止地下水将矿井和坑道淹没,矿坑里已经应用排水和汲水的机械。建筑已经应用了起重机,机械替代了人力。奴隶们可以用双脚踩在踏级上,控制机械的巨轮运动,从而带动滑轮工作。这样人们解放了劳动的双手,即机器替代了人力超负荷的劳动。

在罗马，作坊里有了很多从前没曾见过，也未曾听说过的先进机械。铁匠铺里面，熔炉鼓风也应用了新式手风琴样的风箱。首饰匠打磨宝石，也开始启用脚踏式的磨床。大规模的面包房，人们已经不再用手和面，他们完全使用了畜力工作。

罗马的面包销售量很大，机械代替了人力，也提高了劳动效率。罗马工程师还设计修建了极长的水管——"高架水管"，既方便了居民的用水也方便了平原浇灌。在罗马有三座架得很高的石头桥，而且桥和桥之间相叠。三层高的石头桥梁，一头连接着若隐若现的遥远山岗，另一头则隐没在地平线下。桥上有宽阔的拱门，拱门后是辽阔的平原。清凉的山泉欢快地在平原的水槽里奔流不息。如此精妙的建筑，想必多年以后，人们站在这里，面对那巨大的水道拱门将会惊叹不已吧。

几个世纪之后，料想这里的孩子，将会在城郊长满青草的石阶上尽情地玩耍。那时，他们自由地在这个石阶到那个石阶，兴奋而欢乐地跳跃，似乎他们在巨大楼梯的阶梯之间跳跃一般。那时长辈们坐在这里，会自豪地给他们慢言细语地讲述：这里曾经是罗马人的圆形剧场，而且曾经有成千上万的观众坐在上面。那些巨大的石阶，就是当年剧场的凳子。那时罗马的孩子怎么想呢？或许很难相信。罗马人怎么会曾经拥那么巨大的剧场呢？那剧场能容纳几万甚至几十万的观众啊！

将来这里的孩子们，会在历史课本中惊奇地了解，罗马人虽然给世界很多民族增添了灾难，但也曾经做过不朽的历史贡献。那时已经有人研究，怎么将湖泊里的水排放到海洋里？位于意大利中部的湖泊，臭气熏天，而且它的周围是面积宽广的沼泽，况且这里环境十分恶劣，生活在这里的人们，常会被传染上凶恶的疟疾。可以说，这里的湖泊只有其害而无其利。于是，罗马人在技术师的指导下，穿越岩石，钻探山岳，大约用了11年的时间挖掘出一条人工运河，湖水终于被排放到台伯河。如今，在那块被征服的土地上，已经是肥沃的田垅和美丽的草原。

孩子们从历史老师的讲课中，未必能想象得出，当年那些饱受折磨，满目沧桑的奴隶们究竟是什么表情？未必能想象得到这里的奴隶们身瘦如柴，皮包骨头，面黄肌瘦的样子，奴隶们几乎被人榨干成枯骨。当然，孩子们也无法想象，那片阴森恶臭的湖泊边上，竟有成千上万的奴隶，在那样恶劣的环境劳作生存，最后死去。

孩子们也许会想象出另一番景致：意大利晴朗的天空，宽广而微波荡漾的湖面，还有那伟大的能将江河湖泊之水神奇地引入大海的"智慧巨人"。以上哪种说法是真实的呢？对于当年的罗马，后代人究竟会给予怎样的评价呢？

后世的审判

每当回忆起旧时的罗马时，我们难免会想起，那些曾经被锁链紧锁着的奴隶。以及那些任人玩耍，任人毁灭而流血在斗技场的角斗士。当然人们也不会忘记，那个残暴的皇帝尼禄，以及牺牲在那个时代的哲学家塞涅卡。我们更不会忘记，一个让人不寒而栗的康茂德皇帝，就是那样混蛋绝顶的"伟人"，曾经在斗技场残忍地结束了角斗士的性命。而且，他为了消遣，还手持棍棒殴打那些残废之人。同时我们也会想起另一个皇帝，他就是人们念念不忘的贤明之人——马可·奥勒留。

罗马在奴役异族的同时，还让归属于它的希腊只剩下了自由的外壳和名字。不过，罗马并没有把希腊的文化艺术吞掉，

▲尼禄

▲马可·奥勒留

而是把这些宝贵的财富留给了后人。虽然罗马人很轻蔑"小希腊",可是他们却进入希腊的学校学习,他们也曾到奥林匹亚竞技会跟希腊人争夺桂冠。

　　罗马的诗人,也延续着荷马开辟的史诗道路走下去,他们在此基础上,研究并发展了诗文。最有名的是,维吉诗人写了《伊利亚特》的续集,那是一篇记载特洛伊人伊尼斯的冒险史诗。诗人奥维德详细讲述着希腊质朴的古代传说,细腻的笔调,曲折的情节如此动人。希罗多德和修昔底德也算是后继有人,罗马的历史学家,塔西佗和泰塔斯·李维沿着伟人的足迹,继续完成了他们的人类日记。

　　沉痛的历史记载,后人的指控罪证也是很可怕的。历史不仅仅是一个检察官,同时也是一个辩护士。甚至我们在这里也为罗马辩护,俄文词语中掺杂了诸多拉丁和希腊的词语,一直保留在欧洲各国的语言里。还有很多的古代学者,在他们的著作里给我们积累了人类珍贵的财富,倘若我们无视他们的功绩,那真可谓忘恩负义了。

▲老普林尼

即便在贪婪而慵懒的罗马,也有一些人不分昼夜地钻研,勤奋地工作着。海军将领普林尼就是这样的人,他是罗马的政治家、博物学家。他有一个伟大的愿望,那就是能够描述自然界中所有的自然现象。他说:"即便我的愿望不能实现,只要努力,为之奋斗的过程也是令人愉快的。"普林尼夜以继日地翻阅各类书籍,废寝忘食地阅读有关大自然的很多书籍。一本接一本,一部接一部,他边读边摘录、比较、思索。在军旅实践中,他坚持不懈地观察探究,目睹很多奇怪的事情,为后世积累了大量的材料。

终于,在他的有限之年完成了一本伟大的著作,书名为《自然史》。随着时间的流逝,他的著作一卷又一卷地出版,他的这部《自然史》一共有37卷之多,完全可以称得上自然大全了。书中详细地记载着有关古代、远方、行星、恒星、树木和野兽的种种情况。

普林尼的知识面很广,那时,他已经明白了潮汐和日月有关。他懂得光的传播速度比声音的传播速度更快,他也知道极地的夏季日照时间长,而冬天日照时间短。他的书里还记载了很多奇形怪状的事情,他观察总结了贝类生长的规律,也摸索了有关风浪及葡萄酒发酵的原因。不过他却很难分辨真伪,普林尼可谓是自然史领域的希罗多德了。

普林尼相信,人类的存在与大自然是分不开的,大自然就是为创造人类而存在。植物之所以存在,它是为供人类食用的。树干之所以存在,是供人类建筑所用的。铁之所以存在，是供人类战争制造武器所用的。黄金的存在，当然是人类堕落的根源了。

普林尼讲道：人们为了寻找黄金，深入地下，乃至大地的各条脉络。人们挖掘土地会奇怪大地竟然有裂缝，人们也会对大地的震动感到惊恐不安。于是他解释，地震是因为大地母亲发怒，是因为那些贪得无厌的人们无休止地搜索她的血管，让她感觉厌烦。总之，世间的一切事物，都是因为人的存在而存在。

▲小普林尼

不过普林尼对人类的评价并不高，他解释，人还不如野兽，因为野兽往往不至于自相残杀，而人类却时常视同类为敌。动物之间，不管它们多么紧张害怕，却也很沉着，而人则不然。无论哪种动物，不管它在极度愤怒之下造成怎样的后果，也比不上人做出的那些可怕的事情更可恶。因为人太贪婪，人过于重视权贵。

普林尼之所以这样评价，可能与他的亲身经历有关，因为，他接触的那些人大都是不值得去加以褒奖的。不过他也承认，也有一些罗马人，他们凭借自己的能力已经做出一些崇高的业绩，对人类算是有一些贡献的。

普林尼以他的生平证实了自己，他的外甥——小普林尼在给历史学家塔西佗的书信中说道：

> 我舅父有幸完成了他的卓越著作，完成了一个伟大的事业。不管他的运气怎样，我都要把他去世时的情景告诉你，因为他终究是因追求梦

想而死去的，人们会永远纪念他。

8月22日，我的舅父统率舰队正驻扎在密塞诺岬。那天，来人向他报告说："有人在天空看到了一块奇特的云，那云的形状很像一棵高耸的树干，而且像伸向四面八方的松树，很是奇特。"作为一个博物学家，舅父对一切新奇的事物都怀有很高的热情，他不能不在意此事。于是，他下令即刻启锚，就在此时，一封来自维苏威火山的求救信，被转交到了他的手上。无奈整个舰队出航了，舅父的船舰在茫茫的海洋上，勇敢地向着最危险的前方驶去。他在船上焦灼不安，一刻不停地站在甲板上，一边细心注视着大自然可怕的变化，一边向他的文书口述观察的一切现象。

距离灾区越来越近了，滚烫的灰越来越多地落在他的船上，灰里面似乎还夹杂着熔岩块和小石头。他们一行人就在斯塔比奥下锚，上岸时，天色已经很黑。这时很高的火焰正从维苏威山里喷发而出，天地战栗不定，普林尼和随从们居住的房子也开始摇晃不止。

房里人被迫出来，为了抵挡雨点一般落下的石头，他们每个人头顶上都顶着一个枕头。普林尼想尽快逃出那片充满硫黄烟雾的火焰，不幸体弱跌倒。在两个奴隶的搀扶下，他勉强站起一会儿，但随即又倒下去，就这样他死去了……

信件描述的正是公元79年，历史上著名的维苏威火山爆发事件。那场灾难不仅夺走了普林尼的生命，还将庞培城和赫库兰尼姆城完全埋没在火热的灰烬之下。

后来的人，在这座休眠火山附近，安稳地又生活许多个世纪。在一个平静的清晨，这里的人和平时一样，他们各自忙着自己的事情。准备理发的人，坐在店门前耐心地等待着。士兵们跟别人碰着杯，在酒店里尽情地饮酒。商人稳稳当当地坐在自己的铺子门前，去往市场的妇女，匆匆忙忙地走在大街

▲维苏威火山

上。来自乡下的农夫，在人行道上不慌不忙地拴着自己的骡子。面包师盘腿坐在自己的柜台上，鞋匠辛勤地帮助客人试鞋子，卖锅的人有意敲着锅底，高一声低一声地在那里吆喝着。突然，一行人被墙上的毛笔字吸引住了，禁不住停下来阅读："请投布鲁提亚·巴尔巴一票吧，他绝不会做出违法的事情！""酒店的主人，也恳切请求你们投卢斯和普里斯克一票吧！放心他不会刁难于你们！""支持马尔塞尔，他是一个好官，他将能给大家安排合适的娱乐！"

此时此刻，谁会预料几个小时之后，这里将被大量的、火热的灰烬掩埋起来呢！谁又能想象到？那些心无旁念的人们，或者有的正为自己的账目而担心呢，一会功夫就将被烈火烧死，或者因硫黄烟雾窒息而死呢！又有谁能预想到？几天后他们中的幸存者，将在一堆堆的死人中寻找自己亲人。在尚且炽热的灰烬之间他们徘徊不定，试想再找到自己曾经的屋顶。

  人类在大自然中是多么无助和渺小啊！无论你有多大的抱负，可你都无法同大自然比试，无论你有多大的力量，面对火山地震，你无法制止！对于这位亲自率领舰队去救援一座正在毁灭的城市的罗马将领，有谁能否认他精神的伟大呢？石头像雨点一样从天而降，炽热的灰烬烧灼着人的脸，使人无法睁眼。可是，普林尼没有退却，他的随从也没有逃跑。作为一位研究学者，誓死都坚持在自己探索的道路上，坚持一名海军将领应尽的义务。

第03章

"世界中心"的困惑

在科学的道路上，人们的探索并非一帆风顺。前途是远大的，道路是曲折的，为了攀登科学高峰，巨人常常被迫逆向而行。在逆行的过程中，遇到困难，看不到前进的希望，他们也时常饱尝辛酸与苦辣，他们时常在科学的黑暗中痛苦地徘徊。

人类在海洋和千年时光中前进

　　人类是渺小的，生命是短暂的。他眼前呈现的是，悠远而广阔的空间。小小的步子怎么才能测量前方无尽的道路呢？在他有限的生命中，他将如何做出很多事情，为人类贡献呢？幸运的是，他不是单独的一个人，他的力量来自集体。当人们点起篝火在山头之间传递信息的时候，几个钟头就能完成全程的任务，当然，这比人们用脚步测量要快得多了。

　　就像火炬一样，一些关于英雄、哲人、匠师的丰功伟绩，在世世代代中流传，经久不熄。上千人的小小成就也能影响整个人类，也能促使全人类的飞跃。人生有限，但人类短暂的一生连在一起，也就构成了无穷岁月的生命。

　　一个人真的能够走遍世界所有的路，能够丈量所有的里程吗？2000年前的古罗马，已经有人将他们那个广大的帝国测量了一遍。也就在那时，地理学家开始在地图上标注城市的位置，测地学家也开始计算起城市之间的距离。人们忙碌了30年，才算完成了这项工作，最后形成了一份长长的纸莎草纸卷。上面标记着通往罗马的所有大路，城市的位置是用两座小房子的图案来做标记的，驿站之间的路程是用折线来表示的。斯巴达距亚哥斯，亚哥斯和科林斯之间，行走需要几天能够到达？那么旅行家用地图就可以一目了然了。

　　脚步丈量大地总归是困难的，那么要想测量大海更是难上加难。为了方便航海，地理学家马林·提尔斯基首次在地图上标注了经纬线。其实大海并没有那些线，只是为了方便寻找航道，才在地图上画出那些线，标注了那些虚构的线。

　　随着历史的发展，世界在不断地扩大，也不断地在打开人们的视野。前不久罗马人还认定不列颠岛纯属乌有，他们认为那些有关不列颠岛上的故事，甚至它的名字都是无稽之谈。可现在，凯撒率领大军穿过大海，竟然两次登上了不列颠岛。不久前，罗马人还认为世界的边缘就是大海，他们企图将大海变作罗马帝国的边界。

可现在，罗马的地理学家斯特拉波推测，远隔大海依然有人类居住地，依然有类似的人，类似的国家。于是，航海家犹巴装备了船舰，冒险前去搜寻斯特拉波口中的那片土地。犹巴历尽艰险，在大海中果然找到了加那利群岛。他亲眼目睹了海岸上的椰子树，看到了特内里费火山顶上漂浮着的乌云，简直就像一面舞动的旗帜。犹巴试图在这里找到住户，可是费了很大的劲只发现被人废弃的房舍，以及看家的小狗。总之，证明大洋里这些岛屿上也有人！

那么再走一段该是什么样子呢？这片土地的另一端是否还有土地呢？哲学家塞涅卡曾经写过："总有一天，人们挣脱大海的枷锁，一处处岛屿浮出水面，大海的另一端新的住地将被发现，到那时图勒岛已经不再是世界的边缘了。"就这样，人类在广阔的天地间寻觅着，时间的长河引诱着人们奔向更遥远的他方。

人类很早就发明了水钟和太阳钟。雅典人将这些应用于风塔，人们看到高高耸立在塔尖上的水钟或太阳钟就能准确地知道时间。而且通过这些人们也能判断海洋上的风向，当然未必准确。人们习惯上，把白昼定为日出到日落的时间，因为夏季比冬季的白昼时间长，于是冬季的钟点就比夏季小了一点。

那时人们已经应用了日历，巴比伦人将一年分成了12个月，每月30天。米利都的泰

▲太阳钟

勒斯说过：一个太阳年，也就是365又1/4天。可人们总是对星期和日月的概念很模糊，甚至，这些将被委任计算日期的罗马祭司也给弄糊涂了，他们计算有时一年12个月，有时一年13个月。有时10月15日竟然被当成了1月1日，日历上显示的冬天，而却是烈日炎炎的夏季。由此看来，那些祭司们早该淘汰了，他们不仅仅在科学领域落伍，而且思想也将走向了世界的末日。

凯撒命令亚历山大里亚的天文学家索西根尼去编制日月时间。于是，经过努力，索西根尼创造了一种很适用的新历法。历法中，他把日月时间安排得井井有条。历法还规定：一年365天，共分12个月。为了准确起见，他还建议每隔4年在2月中增加一天。

随着人们对生活的渴求，测定年月和钟点已经满足不了生活的需求了，于是，有人要在时间的长河里想再遨游一番。有人想预知过去、现在和将来，以及世界的演化。靠什么呢？于是，地理学家斯特拉波又提出新的学说。他说：世界的一切都是发展变化的，过去、现在的海岸和轮廓都不一样。他还在自己的学说中，分析了沧海桑田的变化情况。

斯特拉波还想研究大陆的形成，他也在探索行星运行的规律。费尽脑汁，千方百计地探索，想不到最终竟然在小小的角落里找到了答案。他仔细研究发现了，那些建造吉萨金字塔的石灰石，原来是大海里的蜗牛和贝壳构成的。数千年来，由于无数的小动物沉积在海底，它们的尸骨化石形成了一层沉积岩地层。又经过漫长的时间演化，海底一些部位浮出水面，形成了现在的陆地……

在世界上空飞翔

站得高望得远，罗马高高耸立于世界之上。罗马的诗人想象力很丰富，奥维德写了一个关于少年法厄同的故事，故事主要叙述法厄同在天上看世界的过程。太阳神福玻斯是法厄同的父亲，而法厄同的母亲却是一个普通的凡人。法厄同很小就羡慕父亲，他羡慕父亲驾马驰骋于天空的神气样子。于是，他去了太阳神的宫殿，在门口徘徊了好一阵子，突然，不知为什么眼睛却被光线照得睁不开了。他的父亲福玻斯，就端坐在他那金光灿烂的宝座边，两边分别站着年神和世纪神、月神和日神。春神头戴花冠，他的旁边还站着浑身溅满葡萄汁的秋神。头戴谷穗头巾的是年轻的夏神，他的旁边并排站着的是白发苍苍的冬神。

▲奥维德

"我的孩子法厄同，你来找我想要什么呢？"福玻斯亲切地问。那少年天真地说："我想要伟大的世界之光！如果我的母亲没说假话，你真的就是我的父亲了吧？能否给我一个证实，让大家都相信呢？"父亲收敛了闪耀的光芒，让少年走近自己，并搂住他亲近地说："你母亲的话是真的，我不想隐瞒你，想要什么尽管提出来，作为你的父亲，我完全满足你的要求。"父亲刚说完，法厄同就一下子搂住了父亲的脖子，央求道："亲爱的父亲，能否让我驾驶您的马车玩一天呢！"

福玻斯一听为难了，他很后悔刚才的许诺，于是，就想法说服儿子放弃这个危险的念头。"孩子，你是凡人，你的愿望是凡人不应该有的，凡人应该有凡人的命运啊。"父亲婉言相劝。可是少年怎么也不答应，坚持要求自己的愿望。没办法，父亲唉声叹气地做出了让步。因为金色的"黎明女神"奥罗拉，早已将赤色的东方大门打开了，情况紧急，他们已经来不及争执了。

只见时和分的女神"奥拉",敏捷地从天上高大的马厩中牵出了口吐火焰的骏马。法厄同看着那闪耀着宝石、白银和光芒四射的黄金战车非常惊奇。为了使他不被火焰烧伤,临行,父亲在他的脸上先涂上圣膏,还将自己光芒闪烁的花冠戴在儿子的头上。他细心地告诫儿子:"千万记住,马车不要升得过高,缰绳别勒得太紧,以免烧毁天堂。不过,也不能降得太低,免得烧到地面和地面的那些生灵。"他还对儿子嘱咐道:"沿着中间的路走,千万注意车轮滚过的车辙。"

此时夜已降临,早霞却依然于东方燃起。父亲还是不放心,让儿子再认真考虑决定,然而,狂喜的少年哪肯听劝?他早已迫不及待地抓住缰绳。骏马脚踢门闩,昂头高声嘶叫,声音响彻长空。大洋女神开启了大门,面前一下子显露出来广阔无边的世界。四匹骏马乘着东风脚踏空气,狂奔不止。经过昨晚一夜的休整,四骏马力大无穷,它们飞快地将战车拉上了险峻的斜坡。少年坐在车上分量不大,战车好似空车一般在太空中跳跃着遨游。骏马轻车上阵,便朝着前方的路飞驰而去。

少年惊吓之中,瞪大了眼睛,却忘记了父亲的嘱咐,记不清道路,也不知如何勒马缰绳。在太阳的光芒照射下,大熊被融化了。一些冬眠的极地天龙被吵醒了,天龙发怒,狂跃不止。地上一些行动迟缓的牧夫,被吓得拉车四处逃窜。大地在身下伸展着,法厄同望去,禁不住吓得脸色苍白,眼前漆黑,颤抖着双腿,不知如何是好。他后悔没听父亲的劝告,抱怨自己当初就不应该碰父亲的马。回头望去,已经走了很远,然而前面的天空更加遥远。

怎么办啊?少年法厄同无法控制奔驰的骏马,他叫不上它们的名字,根本就不懂怎么驾驭。他惊恐地四处张望,周围张牙舞爪的,全是妖怪啊。隔着星座,那些可怕的巨蝎向他伸出了弯弯的钳子和长长的手。极度恐惧之下,出了一身冷汗,猛一个冷颤,少年不小心松手放掉了缰绳。脱缰的野马便尽情地狂奔起来,它们时而上,时而下,一路上骏马四蹄飞舞,不知道冲撞多少星星。月亮望着哥哥的马横冲直撞，很是惊讶，她瞪大眼睛慌忙直喊道："为何不按原路跑呀！"

地上起火了，到处冒着浓烟，天地和树木都在燃烧。刹那间，白茫茫一片，绿草和土地都不见了。顷刻之间，模糊了视线，堡垒和城市都化为灰烬。高加索即

▲法厄同驾驶者太阳神车

将被烧完，埃特纳依然冒着汹汹的火焰，就连极其寒冷的西徐亚突然也热了起来。高高的阿尔卑斯山上浓烟滚滚，阿平宁山山脉周围的云雾被燃烧得通红一片。

世界沉浸在一片火海之中，空气似炉火一样灼热。法厄同的战车燃烧起来，不断蹿上来的火苗和浓烟向他直扑而来。黑暗中他已经分不清东西南北，更看不清所有的路线。

传说就从那以后，埃塞俄比亚的人皮肤都变成了黑色的。也从那以后，利比亚形成了寸草不生的大沙漠，塔乃斯河——顿河开始冒起了熊熊的浓烟。巴比伦，幼发拉底河也起火了，多瑙河、恒河以及里奥尼河全都沸腾起来。就连那西班牙塔霍河里的金子，也都被大火熔化了，形成黄色的液体。只有聪明的尼罗河，悄悄地埋头躲到世界的边缘，正因如此，人们至今还找不到尼罗河的源头。

大地开始龟裂，光线由裂缝透进了地下的王国。看见光线，地府里的冥王和王后都被吓坏了，虽然身为王国，却不知道往哪里躲藏。大海的水已被烤干，也变成了光秃而伴着砂砾石的平原。逃命的鱼、龟早已不见踪影，水面上浮出肥大海豹的尸体。海神愁眉苦脸地上下乱跳，大地沉入海水，不断哆嗦着向诸神之父失声祈祷："我一直默默无闻，忍气吞声地工作着，锐利

▲法厄同的坠落

的犁不断在我身上划过了很多口子。我为人类奉献累累的果实,可你竟然给予我这般待遇!就算你不吝惜我,也该给天空一丝怜悯吧!

"瞧瞧吧,两极都被浓烟笼罩着,倘若那里被大火烧没,诸神的房屋也将不复存在了。就连强壮伟大的阿特拉斯神,勉强地支撑着天空也在摇摇欲坠。你好好想想吧,如果一切都被烧毁,大家混在一起乱作一团,世界岂不又回到上古时代的混沌状态!请你关心一下宇宙吧!尽快抢救那些还没被烧坏的东西,也关心关心一下众生吧!"

诸神之父听了大地的祈祷,眨巴眨巴眼睛,于是慢吞吞地起来。他站在奥林匹斯山的山顶,用闪电朝那马车尽力劈去。战车被劈成了碎片,马抛下轭具而独自逃跑。失去知觉的法厄同像一颗流星,被烈火包围着坠入无底深渊。

宽宏大量的厄里达诺斯河接纳了他。女神们为他洗脸,把他的骨灰安放进坟墓。厄里达诺斯河派诸神给他立了碑,墓碑上写道:法厄同,曾驾驶父亲的战车,不幸遇难,现安葬在此。尽管法厄同没能力控制马车,但他是因为一个伟大的冒险而死的。就是这样,奥维德将这些新奇的知识用神话的方式传达给后人。

当然,这只是个神话而已。已经有罗马的诗人开始编写诗歌了,诗歌主要是描写赞美那些洞察大自然奥妙的哲人们。歌颂希腊哲人——伊壁鸠鲁的是罗马诗人卢克莱修·卡鲁斯。文中描述他,为反抗压制人类的那些古代信仰，勇敢挺身而出。无论是神的传说还是天上的雷鸣闪电，都吓不倒他。当然，他的精神也促使着他，要去开辟一个未知的新世界，用他的智慧去改造自然。经过卓越的斗争，凭借顽强的毅力，他终于依靠精神的活力取得了胜利。最终，他以坚实的步子，迈出了如火一样的世界围墙。卢克莱修也算是一个勇敢的冒险家，他沿着老师伊壁鸠鲁开辟的道路，不怕任何禁令，大胆地迈开前进的脚步。因为他的勇敢、机智，面对重重困境，不慌不忙。最后面对漠然无知的世界，心中的恐惧感渐渐地消散，世界围墙的大门也向他慢慢地敞开。于是他看到了无尽的空间，也看到了空间里那些运动的万事万物。

在那个世界里，他沿着老师指引的方向，向着心目中那个无尽的光明方向走去。一路上，艰难险阻，遇到各种各样的可怕事物。曾经在黑暗里看不到天，看不到海，也失去了方向，寻不见前进的道路。在那里看不到我们生活中的任何事物，他判断，那可能是路的开端。在那里，他又突然看见了空中有很多小分子，而且这些小分子都做着有规律的运动，还互相激烈地撞击着。卢克莱修勇敢地穿越了这第一道宏伟的界线，直到原子蒸发，他才看到了天地的分离。在天地的中间，很多原子又聚集在一起，形成了坚硬牢固的地球。那些轻而敏捷的原子，在地球周围汇聚成明亮的恒星、太阳和月亮。地球表面冒着烟雾，这些烟雾又逐渐地散发到太空。天黑时，一些晶莹的露珠浮在草地上，当太阳慢慢升起的时候，光芒四射，那些草地上的露珠如晶莹的宝石，此时，他看到了地球上，一条条江河和湖泊吐着烟雾奔流不息。

卢克莱修又找到了第二道界线，他目睹了海陆的分离。他看见松软的土地渐渐地陷下去了，河水也逐渐地退缩，咸水又

▲卢克莱修

慢慢地注入进来，眼前便形成了海洋。周边的田地也逐渐下沉，只有岩石和峭壁还挺立其中，也就形成后来的山岳。

卢克莱修继续前行，沿着时间的道路，很快他又找到了第三道宏伟的界线。在这里，他又发现那些生物和无生物的存在，还看见生物和无生物的分离。在诗人的想象力中，他不断穿越着自己智慧无法逾越的一个又一个深渊。他还目睹了身披色彩斑斓大衣的年轻土地，那里草木丛生。在太阳下，湿润的土地上，开始慢慢地长出了各种各样的动物。正因如此，人们称之为地球"母亲"！他还看见了，地球上又逐渐地长出了其他生物，土地妈妈正用甘甜的乳汁喂养着人类和飞禽走兽。在母亲的胸怀，青草做床铺，温暖宜人的气候成为人们保暖的衣服。

后来，土地里也长出了一些怪物，那些缺少手脚，没有眼睛鼻子嘴巴的家伙。这些怪物没有获取食物的能力，常常在生存的斗争中逐渐地死去。而那些胆大敏捷的智慧种族，就在生存的斗争中逐渐延续了下来。所以，狮子勇敢，狐狸狡猾，而鹿很机灵，这些都是有智慧的种族。那时人也过着野兽一般的生活，他们在森林里采集着橡子和果实，暴雨中他们知道避进洞穴和灌木丛。

又一道全新的宏伟界线摆在了诗人的面前，人类和野兽的区分。人类生活在森林里，为了生存他们开始和野兽竞争。人类追逐着野兽，他们用沉重而坚实的木棒追击，打猎归来几个人抬着或者一人扛着。他们逐渐懂得了取火技术，在森林火灾和闪电中他们接受了上天赐予的火种。火塘边，人类的第一座房子慢慢地呈现出来，人们知道这样比住山洞舒服多了。人们又开始了群居生活，生活逼迫着他们，彼此用手势和声音交流。在人们的长期交流中，又产生了语言，丰富了词汇，而且还给许多物品以及人类彼此起了名称。

在渐行渐远的时间之中，诗人发现，这里的原始人不知不觉地参与了人类的第一场战争，因为他们需要把采集来的铜制作成各种武器和干活的工具。正因如此，当时铜的价格高于黄金，铜的硬度强度都适合用来打孔、钻、凿。

随着时间的推移，现在人们摒弃了铜。因为铁替代了铜，在生活实践中，人们发现用铁制品耕地、打仗更方便。战争中人们也逐渐懂得用碉堡围墙躲避敌方，人类真的是越来越精明。

伴着智慧的飞跃，人类宝库积累的财富越来越多，黄金是第一位，因为华丽的金子替代了其他金属的地位。竞争中，一些象征着王权势力的城墙倒塌了，化为尘土。为了权势、钱财人们开始纷争，战争的结果是，人们精疲力竭，一些人无奈地被套上严酷的法律枷锁。

沿着时间之路越走越远。大海上的帆船，高山上的森林，盆地中的葡萄和橄榄树，以及那井井有条的垅田。一些手艺精巧的雕刻家，把那些粗糙的石头雕刻得栩栩如生。歌唱家以自己美妙动听的歌喉唱出了世间的许多事情。人们探求知识，智慧引领着人们不断地攀登艺术的高峰。

然而人类总是轻视自己，尤其遇到困难时便无可奈何，总是把自己的一切希望都寄托于神。当地震发生，当天空雷声大作时，愚昧的人们只是俯伏在祭坛前祈祷。大海中的船舶遇到风浪时，人们也是对着神明许愿。当船舶被围困于海湾时，人们总是对着神明徒劳无益地祈求不止。简直就如无知的小孩怕黑、无知的成年人缺少主张一样。多亏世界拥有那些哲人，是他们用知识的光芒将黑暗照亮。

沿着时间之路，诗人又回到了从前，归回了他的故土。他了解到，罗马为了统治世界已经发起了战争，那时，凯撒率领军队正进攻高卢。但是，卢克莱修还在继续前行，他只是偶尔地放慢了脚步，想看个究竟。他发现世界逐渐衰老，由于人类无休止的战争，种地的人无法安心劳动，土地越发贫瘠。时间改变了一切，即便是坚固的碉堡和城墙在战争中也无法幸存。宏伟的世界围墙慢慢地倒塌，最后化成了废墟。

天地依然存在，茫茫的宇宙无边无际。分散的原子又开始了慢慢的组合、移动，被破坏了的世界，经过一些人重整又变成了一个全新的世界。很多人生存于新土地上，就这样，诗人从世界的开端到世界的末端，走了一圈却又发现了一个新世界的雏形。

人生短暂但思想无限，一瞬间，思想跳跃了千年。这乃是人类的进步啊！可是有人却急于求成，卢克莱修也如此，他匆匆忙忙地走过了无限的时间之路，难道他看到世界所有的一切了吗？当然不是。认识自然需要一个过程，学识渊博的伊壁鸠鲁、德谟克利特、留基柏、恩培多克勒都曾经做了他的向导。很多时候许多事他也不得不依靠推测和想象力，有时他的处境和法厄同一样，根本不清楚自己怎么做，怎么走。

随着时间的流逝，人类进入了19世纪，接着又进入了20世纪。在时间和空间的隧道上，又有无数的研究者继续探索前行。一些人在别的学者探究的基础上，刻苦钻研，他们想了解地球的诞生和生物的起源，以及无生物转变成有生物的奥秘。

在人类探索的道路上，难免产生这样或者那样的争端。就拿事物的界限来说也是一个奥秘，比如恒星与地球之间的距离，海洋和陆地的断开，无生物与有生物之间的区别等等。曾经地球上爆发过一次自然界的战争，主要是围绕四种元素而战。在争战的各个过程中，人们逐渐知道了地球，也了解了陆地。后来又有新的概念加入进去，在新的智慧引导下，地球改变了面貌，使之更生机盎然。

探究者从古战场走来，在边界，在渡口，在城墙的内外又爆发了新的战争。这一次，不再是围绕着自然界的战争，而是人类思想之间的斗争。人们各抒己见，都坚持自己的思想理论，当然都希望用自己手中的钥匙，去打开未知的大门。也有人顽固地认为，人类根本就无法找到真理的钥匙。然而，探究者终究不会相信这一套，一些科学家怀着永恒的希望，不达到目的决不罢休。于是，在科学的道路上人们一直探索，一直在曲折中摸索前行。

巨人为何减慢行进步伐

古代科学家的著作常常会让我们惊讶,很早时,他们竟然了解那么多事物。早在哥白尼之前,萨摩斯岛上的阿利斯塔克,就已经知道了地球围绕太阳转,而不是太阳围绕地球转动。在瓦特和包尔祖诺夫之前

▲ 横渡大西洋

的很多年,希罗——亚历山大里亚的机械学家,就已经能够运用蒸汽的力量使轮子转动。天文学家埃拉托色尼也已经预测到,未来的人们可以随便周游世界。地理学家斯特拉波,预见了地球不只是一块大陆。旅行家犹巴渡过大洋,到达了加那利群岛,他还亲眼目睹了特内里费岛的火山上漂浮着一块乌云。

▲ 瓦特

预测中,不过几百年人类就可以横渡大西洋。人类还可以凭借船舶周游世界,那时人们发明了蒸汽机,而且还能铺筑铁路,让轮船下海航行。可是这期间,人类文明却又耽搁了很多年,因为中途科学几乎停止了发展。从犹巴至克里斯托瓦尔·哥伦布,不是100年也不是200年,而是大约15个世纪啊!至于希罗到瓦特、包尔祖诺夫之间的时间距离就更长了。

那么究竟什么原因拖慢了人类进步的步伐，阻碍了人类的发展呢？人类原本有勇气跨越海洋，甚至飞跃天空，为什么竟然在海洋问题上停止了探究？那时也有人预测到原子的存在，但对证实"原子是否存在"的问题上却无能为力。

在科学的道路上，人们的探索并非一帆风顺。前途是远大的，道路是曲折的，为了攀登科学高峰，巨人常常被迫逆向而行。在逆行的过程中，遇到困难，看不到前进的希望，他们也时常饱尝辛酸与苦辣，他们时常在科学的黑暗中痛苦地徘徊。

2000年前，究竟什么原因导致巨人放慢了探索的脚步呢？倘若我们认为，人类一直可以大踏步地前进那就大错特错了。那个时代束缚人类手脚的原因很多，比如，巨人可以设计高架桥，可以设计坚固的涵洞，可以治理湖泊等等，可是要想成功实现这一切，单靠自己的力量是不够的。因为完成这一宏伟目标，还需要调动奴隶的积极性，需要奴隶们使劲。这些工作，要靠奴隶们从早到晚的劳动，靠他们将工作的机器转动起来。摇船需要奴隶们，勘探矿产需要奴隶。没有奴隶也就没有华丽的宫殿，没有庙宇和马戏场，也就没有罗马显贵们悠闲自在的奢侈生活，总之，那时没有奴隶就没有一切。

那时，有这样一所别墅，别墅面朝大海，背靠山。葡萄园和田垄环绕其左右的山坡上，而且清水漫流于墙角。四周是喷泉和潺潺的流水，周边的花草、树木被修剪得井井有条。洁白光滑的大理石板凳，倒映着周围的树木和高大的建筑物，景观可谓无以伦比了！

别墅的主人在这里或是看书或是散步，有时与朋友尽情地攀谈哲学，交流音乐和打猎技巧。可以说这里的主人，在此过的完全是一种自在的消遣娱乐生活。每当大摆宴会时，有专门的仆人伺候，黄金特制的灯台，室内通宵长明。一个客人坐在那里慢悠悠地展开纸卷，有声有色地朗读起来，他读的是描写萨图恩的诗词……晨曦初露，昏昏沉沉的主人似乎并没听进任何诗句。他总是白天惦记着晚上的事情，晚上又惦记着白昼的事情，就这样他碌碌无为地消磨着时光。

有人给他送来满篮子的琥珀色葡萄，他就会想到打理葡萄园的辛苦。浇水、施肥、除杂草，接枝、修剪藤蔓这一系列的差事让谁去做？在这里，当然是那些懒惰、狡猾的奴隶们了。这几年，他知道他的土地愈发贫瘠了，原因是他这个主人不会管理，他庄园的一切工作总是让奴隶们去做。他越想越觉得不安，而这种见解并非出于他自己，倒是一个不速之客提出来的。那个客人因为说了实话，他的到来使宴会变得索然无味，使这里的主人也变得一筹莫展。

与此同时，院外的那些奴隶们正手拿着十字镐，在别墅四周、柏树外面的远处田地里干活。山脚下的土里埋藏的

▲ 萨图恩

竟是石头，奴隶们吃力地用镐头掘着。干活的奴隶们排着长长的队伍，边走边挖，而且没有休息时间。他们就像随时准备上战场的士兵，队伍旁边还有他们的监督者，监督者骑着高头大马，前前后后不停地巡视着。奴隶们必须听从命令，不断地挥动手里的十字镐。

这些垂头丧气的奴隶来自全国各地。他们是战俘，他们中有身高马大胡子拉碴的西徐亚人，有蓝眼睛的日耳曼人，还有皮肤黝黑锃亮的努比亚人。尽管来自不同的方向，语言皆不同，但是在这里他们却有着共同的命运。异地他乡，残酷的现实把他们结成朋友兄弟，他们都被剃光了头，以防别人看不清奴隶的烙印。

监督者边巡视还边不断地嘲笑他们："瞧瞧吧，只要看着你们这群豹子

▲ 奴隶被钉到十字架上

似的脊梁骨，就能很容易地分辨出哪个是骗子，谁要是敢不听我的话，那么谁的肩胛骨就想挨鞭子了。要知道，那边挨打的人，是因为偷吃了一把谷子。还有那边的人，对犍牛管理不好也要挨打，另有一些脚上带着铁索的，是因为他们曾经想逃跑而被挨罚。反正在这里，我们惩罚你们的方式很多，比如被扔到炉子里烧，被钉到十字架上送给狮子美餐，或是给你们的身上粘满树皮活活地烧死。"

　　监督者没有吹牛。他们对奴隶，想怎么样就怎么样。奴隶不过是主人的一件东西一把工具而已。尽管如此，庄园里还是时常发生奴隶逃亡的事件。奴隶憎恨"主人"，恨监督者，他们也憎恨自己的劳动，甚至恨耕地的犍牛和犁子。为了自由他们宁愿逃跑饱受折磨，哪怕只有一天的自由也值得！因为他们憎恨世道不公平，憎恨这惨无人道的奴隶制生活。

　　在奴隶主的眼里，奴隶只不过和他们的犍牛及犁子一样。奴隶们并不明白他们受苦的根源，所以他们抱怨自己低微的身份，常常迁怒于牲口和其他工具，他们视工具为仇敌。奴隶主们不仅狠毒而且很狡猾，他们让奴隶使用笨拙的工具。让他们用脚榨葡萄汁、用后背扛砖、用连枷去打谷子等，而并不教给他们真正的工作技术。

　　如今铧犁取代了木犁，收割机、打谷机、起重机、压榨机，以及纺织机也都相继出现。而操作者是需要技术需要劳动热情的啊，可奴隶们是在棍棒下干活的人，他们怎么才能喜欢劳动、学习技术呢？奴隶主竟然荒唐地认为，奴隶是土地的刽子手，是他们的存在才把大地变得面目全非，那么到底谁才是真正的刽子手呢？

奴隶的一生就是饱受折磨、被人刑罚，就连地主看见奴隶被他们给打上烙铁印的前额，还有那一半被剃光的脑袋，心里也不免发憷。奴隶的脸永远没有欢笑，永远挂着灰色的怨恨，那是他们发自骨子里的仇恨。

奴隶们时常暴动，他们不仅火烧粮仓，还将毁掉"主子"的别墅。大家不会忘记斯巴达克的起义，那次起义，曾经让罗马最出色而且最强大的将军吃了很多苦头。由于奴隶不断暴动，道路的两旁又新竖起了无数的十字架，架子上钉的全是想逃跑的或者不屈服的奴隶。

事已至此，现在不仅仅是奴隶暴动，奴隶主自己也希望摆脱奴隶制度了。一些领主们开始分割土地，自由农夫——佃户们可以得到小块的土地。因为聪明的主人看透了一点，他们需要更合适的人，也就是实实在在，本本分分的人为自己照顾土地。由于改革，奴隶改变了身份，他们由失去一切自由的奴隶变成了现在的自由人。改革调动了自由人的积极性，贫瘠的土地又重新拥有了生机。

然而，庄园里的领主寻找强壮的佃户并非容易。农夫们因为有了自由，他们或是改行做起了手工艺品或者做其他生意去了。现在，假如让他们离开自己的店铺或者作坊，再回到土地上来干活，可能吗？当然也有游手好闲的人，街道上、马戏场、市场上到处充斥着粗暴和懒散的人群。此时还有人手持刀剑，在多瑙河对岸的一些地方正与野蛮人打仗。那些军队士兵抛家舍业，他们虽然为罗马夺取了全部的土地，但农民却不知道珍惜。

为改变这种状况，地主们绞尽脑汁，他们改用租用制。可是把土地租给谁呢？怎么能把农民固定下来呢？要知道，农民一直是负债累累。假如让他们回来种地还钱，他们怎么会答应呢？地主们忧虑，佃户们欠债更忧虑。那时很多佃户绝望地想，怎么才能挣脱锁在脖子上的债务链条呢？求谁帮助呢？

乡村日子难过，城里生活也不佳。在罗马，商人生意难做，铜匠、玻璃匠、陶工、织工无不抱怨。产自高卢的毛呢、西班牙白银做成的酒杯、亚历山大里亚的玻璃等等，一些廉价的商品都从四面八方涌来了。曾经的野蛮人，也摇身一变做起了工艺品，可以说各行各业竞争非常剧烈。

罗马人征服的民族大约几十个，他们强迫这些民族给罗马干活。经过劳动改造，泰晤士河、莱茵河、罗讷河沿岸的人们学会了很多事情。"野蛮人"在不停的劳动中进步很快，而罗马人却疏于劳作，手脚退化得很快。不过罗马人掠夺的脑子和奢侈的愿望并无退化之态，只要得来容易他们才不肯吃苦。甚至连做生意的事情罗马人都懒得去做，更不必说让他们去沙漠和风暴肆虐的大海上旅行了。他们习惯了发号施令，只要世界上还有埃及人、阿拉伯人、帕提亚[1]人、叙利亚人干活，印度的所有宝物将被送到他们面前。

吃喝享受、发号施令才是罗马人的工作。不过，他们还需要一些人来替他们支配那些被奴役的人。以前，罗马拥有很多熟练而刚勇的士兵，可现在，这些都需要邀请别人来做了。经过长期战乱、宫廷政变、军人叛变、公民纠纷、奴隶暴动，罗马的士兵逐渐减少，势力也逐渐削弱。到了这步田地，现在人们在街上已经很少看到真正的罗马人。一些古代氏族早已不复存在，罗马已缺

▲ 罗马人

---

1 帕提亚，是亚洲西部的一个古国，位于里海的东南方，在我国历史书上称作安息。

少足够的力量来守卫自己的帝国。金鹰旗帜下，日耳曼将军统帅的日耳曼战士排着整齐的队伍前进着。罗马元老院里，主持罗马事务的，也都是叙利亚、日耳曼和高卢等地的移民。

现在的罗马，在世界的心脏，只不过形成了一个庞大的寄生虫窝。罗马人已无法独立生活，只能依靠别人活着，这也算是前世的报应吧。随着世纪的更替，罗马渐渐衰弱下去，而它曾经奴役下的民族却一个个渐渐强大起来。败落的罗马，已经很难同那些袭击他们的各民族斗争了。

曾经罗马人轻视这些民族，而现在那些被他们称之为的"野蛮人"挤满了整个罗马城。也正是这些"野蛮人"改变了他们可恶的奴隶制度。他们在这里建立了一种新的制度，先进的制度，更促进了罗马的经济发展和时代的繁荣。

不过，"野蛮人"的首领中也有少数人出身于奴隶，当然大都是自由人。而自由人居住的公社里，除了森林、草地外其他东西已经不再共有，土地属于各个家庭。"野蛮人"家庭里最年长的是家庭的权力拥有者，他们过着父权制的大家庭式生活。

"野蛮人"的首领及那些护卫兵的土地越来越少了，不过他们的收入并不少。就这样逐渐地又形成了新的地主，人类由奴隶制时代进入了封建主统治的时代。自由的社员也就是后来半自由的农奴，他们虽然拥有自己的马和犁，但并不是完全为了自己干活。他们除了干自己家的活以外，还要为"主人"——土地所有者、封建主干活。

"野蛮人"的父权制、奴隶制和公社制，逐渐地向封建制度过渡。不过那时，奴隶制度在罗马依然根深蒂固，于是，"野蛮人"开始了不断地侵略罗马帝国。他们时常突破边界横行霸道，时而故意挑起其他事端。为了避免骚扰，罗马人在北边建筑起极高的层层障壁，尽管如此也无法阻止"野蛮人"的进攻。"野蛮人"绕道而行，最后，他们通过阿尔卑斯山的隘口，如波涛一般涌进罗马，他们开始肆意地在意大利破坏。

由于外敌入侵，罗马乡村的生活越来越不安全了。豪华的别墅已经成了有坚固的城墙和炮塔的堡垒。罗马的城市也遭受到威胁，过去的高卢逐年扩大，而且逐渐增添很多新的戏院和马戏场以及庙宇来装饰城市。可是现在，高卢城市成为了一座营垒，阴气森森的营房高高地耸立在中央，附近有很多破房子，房子的周围也垒起了高耸的院墙。直至中世纪，通过这里人的外貌、语言、服装——都还能感觉出当时的情景。

　　随着"野蛮人"的进入，外族文化也随之侵入罗马。在拉丁语种出现了一个奇怪的新鲜词语——布尔古斯，这原是一个日耳曼词语，就是"城堡"的意思。罗马人也开始穿"野蛮人"的衣服，有人还蓄起了胡子。这在以前是绝对行不通的，这样的人在罗马一定被视为异类。以前罗马人以他们的宽外袍为荣，而且是仅有那些伟大的罗马公民才拥有穿它的权利。而现在，看见穿背心、衬衫和有长袖衣服的罗马人都以为很正常了。北方的一些城市也开始流行皮大衣了，如今，曾经象征着罗马权贵的宽外袍被淘汰了，这对于罗马帝国来说，实在不是好兆头。

人咒骂他曾寄予希望的科学

　　罗马帝国越发黑暗起来，掠夺百姓的官吏更加贪得无厌，不仅仅是皇帝，只要有点权力的人都会横行霸道。这些人彻夜吃喝玩乐，昏庸无道。而另一些人却忍饥挨饿，受尽苦难的折磨，当时的罗马社会真的是怨声载道。

　　徭役、捐租和佃租几乎多如牛毛，很多精疲力竭的佃户被迫流落他乡。那时罗马有个名叫萨尔维安的作家，他曾经说："那些受够了罗马人虐待的人，不得不去投奔'野蛮人'，'野蛮人'让他们找到了'罗马的'仁慈。因为在'野蛮人'那里，他们不用承受那些让人无法喘息的捐税，相比之下，'野蛮人'的奴隶生活也比罗马自由人的生活好过得多。"

因为无法生活,接二连三的农民逃亡,又不断地被罗马人抓了回来。曾经无形的枷锁把他们困在了土地上,而此刻,他们的手铐脚镣如同奴隶一样,成了有形的锁链。如今的他们就是奴隶,只是主人不是地主而是土地。甚至当时的法律也这样规定,买卖土地时,佃户必须随他负责耕种的土地被买卖,就连那"自由"人和犁或犍牛,也一起出现在证明财产归属的清单里。

也就是说,父亲是织工,子女必须做织工,父亲是烧炭工,子女理应做烧炭工,那些作为生存的手艺工人,也被固定在一种手艺上。在以前,人们曾认为奴隶就是劳动的工具,所以被人压迫,受人歧视。而现在,那些为了生存的自由人也无法再获得人的待遇。

佃户和手工匠已不再被人重视,皇帝的上谕中明确指示:"尽管这些人曾经有一些功劳,不过,可耻的劳动已经玷污了他们,这些人就别再妄想拥有人的尊严,就让他们的地位永远保持不变吧。"

劳动耻辱!这句话足以证明了,奴隶制度已经是强弩之末、风烛残年了。

▲ 哥特人

现在,应该是给这个奴隶制度下达死亡判决书的时候了!街道上徜徉的到处是成群结队的强盗。奴隶和佃户皆都清醒地认为他们复仇的机会到了,他们就是推翻这个残暴政府权力的英雄。国家式微,一些地主们各自为政,为了保护自己和一家老小的生命及财产,他们将自己的别墅变成坚固的堡垒。

国家,曾经是罗马引以为傲的名字,罗马帝国也是世界唯一的伟大中心。可如今国家的经济基础动荡不安,上层建筑也随之倒塌。那时,罗马国家的东、西两侧各有一个皇帝执政,甚至一段时间里,国家出现了四个凯撒[1]掌管政权。"条条大路通罗马"这句话没错,现在的罗马帝国,涌现了很多新的首都,可谓帝国处处是罗马。

以前罗马以征服世界为自豪,而现在"野蛮人"不断来瓜分他们的战利品。罗马曾经走过的路,如今是盎格鲁撒克逊人、哥特人等在走。这些人有的占据了西班牙,有的占据了高卢,还有一些人跨海进入了不列颠。罗马帝国奄奄一息,大群的匈奴人也从东方袭来,到处战火不息,硝烟弥漫。

若在从前,罗马的神会为他们主张一切,而现在却无人问及。无论他们怎么虔诚地祈求,可罗马的神却再也不显其灵,难道神装聋作哑吗?无奈他们开始寄托其他国家的神灵保佑。他们一部分人开始信奉埃及的神伊西丝,还有一些人信奉腓尼基的神阿斯塔尔特。甚至那些富有的皇帝们也开始着手为波斯的神——密斯拉——修建庙宇了。另有一些人竟然将希望全部寄托给巫术、魔法和奇迹上,迷信以及极端的偏见,像云雾一样笼罩着整个罗马世界。

迂回曲折的历史,人类又进入一个迷茫而可怕的时代,种种的困境让人类感觉自己是那么无助而渺小。人们开始审视自己,人类了解科学有用吗?它能带给我什么?当我忍饥挨饿的时候,地球的圆和方与我有何相干?当我被人束缚的时候,我怎么还有心情研究天球的构造呢?天体什么样?恒星什么样?与我又有什么关系呢?知识不能给我带来更多的自由和幸福。尽管我曾经追求过,拼搏过,可事实总是躲着我。科学曾经被人类寄托了无限的希

---

1 凯撒,曾经是古罗马的政治家和统帅。于公元前46年建立了独裁统治。后来的罗马和西方帝王习惯将"凯撒"当作头衔。在公元3~4世纪初,罗马曾经分划给4个统治者分别治理。到了4世纪末,罗马分成了东西两个部分。罗马成了西罗马帝国的首都,拜占庭(君士坦丁堡)成了东罗马帝国的首都。

望和梦想,然而等一切真相大白的时候,我又在哪里呢?所以,我们要诅咒科学。

救世主在哪里?人们在迷茫之际寻觅着、等待着、期盼着,他们相信救世主会来解救穷人,会给他们带来幸福的。于是,社会各种宗教信仰彼此竞争着,人们也在不同种类的信仰面纱下徘徊着。对弥赛亚的信仰就产生在那个时代,主要产生那个小小的国家——犹太。尤其在地形崎岖的加利利,很多人都在传说救世主的降临。有人绘声绘色地说,救世主在十字架上为全人类赎罪呢。时间流逝,一种崭新的宗教也如同溪流,于漫长的岁月中又不断汇集新的支流,最终形成宽阔无比的大河。

为维护罗马帝国的尊严,为巩固罗马帝国强盛的堡垒,罗马官吏和当权者都曾试图阻止其他宗教,因为新宗教势必动摇国家的根基。然而越是阻止,新宗教的队伍越是不断壮大。它的思想冲击着各个城市、乡村乃至所有的国家。当权者曾经试用过各种阻挠的手段,比如让狮子将基督教徒撕碎,用火烧基督教徒,或者将他们缝在网中让愤怒的公牛用脚乱踏。他们甚至日夜拷打教徒,对他们说:"如果你愿意用皇帝的名字发誓,你就可

▲ 朱庇特雕像

以活命了。"然而别说成年人不服，就连小孩子也宁死不肯屈服，他们坚持宣称："我是一个基督教徒！"

对于这种信仰，罗马人当然不能理解，也无法承受，他们认为这是一种奇怪的恐怖疾病。其中一个当权者建议皇帝："这种瘟疫疾病蔓延城乡，只要我们拿出有效措施来，是可以制止的。"可惜他们的判断晚了，无论罗马人用怎样的手段，再用任何制止方式都是没有一点效果的了。

其实，这也是罗马人自食其果，是他们在帮助宗教事业开辟道路。他们宣称自己的神是世界上独一无二的神，因为，他们统辖诸多民族，自以为罗马是世界上独一无二的国家。他们一直相信，罗马的家庭守护神和灶神会永远庇护罗马人，永远赐予他们幸福。然而朱庇特无法令被征服的民族承认，它和罗马人一样无法让人相信。罗马人也曾试图拿皇帝作挡箭牌，所以故意宣称，皇帝就是神，皇帝就是这个国家唯一的守护神。

世界上能有什么事情，比集中人间和天堂所有权力于自身更有趣呢？罗马人赞美自己的皇帝："你是神！你是凯撒！你是奥古斯都！"于是规定固定的时间，所有的官吏都去庙宇给皇帝的塑像上供。这种方式，这种职务性的要求，结果只能是事与愿违。

人们无法接受皇帝这个帝国唯一的神，于是罗马人又试图寻求别的出路。他们将一些其他神话的神，囊括于自己神的系统中，为了拆除其他宗教的墙壁，他们绞尽脑汁地宣扬色雷斯的阿提斯，埃及的伊西丝，波斯的密斯拉等一系列的神。本以为这样就可以笼络人的思想，统一宗教信仰。可是由于罗马的杂居，拆掉了民族之间的宗教隔壁，同时也打破了罗马传统的旧习和古时的信仰。

现在，在这错综复杂的宗教之外，也是在诸多宗教的基础上又有人研究了新的宗教。于是，社会上又流传了全新的宗教学说，对于这个宗教来说，它的大门为所有人敞开着，无论是犹太人还是希腊人，无论是野蛮人还是罗马人。

▲ 基督教堂

　　这个全新的宗教吸取了所有宗教思想的精华。它能使希腊人读着福音书就情不自禁地想起那些哲学家。在宗教的福音里，柏拉图还给人类描绘了另一个美好的世界，那里凝聚着人的真正美丽灵魂。而第欧根尼自称是"宇宙公民"，在他眼里"野蛮人"和希腊人都平等。罗马人读着福音也会想到了塞涅卡，因为塞涅卡号召人们：人应该用善来回报恶。

　　新的宗教让人容易接受，也感到亲切，同时也填补了人们对一些知识缺乏的空白。无论在亚历山大里亚，还是在凯撒利亚这样的大城市里，不管是穷人，还是奴隶和手工匠们，他们一群群地聚集在大街上，认真地听着基督教的教士给他们讲故事。

"世界中心"的困惑

那基督教传教士极有激情地高声呼喊着："可怜的罗马，你不正直，你是毒蛇、悍妇的朋友！末日就快来了！到那时，大火会将你毁灭，宫殿将化作灰烬，就连卡匹托林的废墟上，都有狼在嚎叫！"

愤怒的教徒也一再向人们揭露罗马的罪恶，新宗教向人们预言道，总有一天，那些人将受到应有的惩罚。它也向那些底层的苦难人许诺，总有一天他们会受到褒奖。今天你是受苦的最底层人，那么明天你将升入天堂，站在神的宝座边上。

亚历山大里亚的工匠们听基督徒们传教，听得很入神，由于长期的劳作，他们驼背弯腰，满脸熏黑，手上是一块块被烫伤了的伤疤。还有那些带着伤痕、被打上奴隶烙印的奴隶们听得更是入神，甚至是听得走火入魔。

这些人曾经是生无出路，反抗无门，还能有什么指望呢？现在借助于新教，他们找到了希望。亚历山大里亚城里，至今有寸草不生的废墟，那是曾经巷战留下的痕迹。还有那曾经让他们引以为傲的，亚历山大里亚许多的宫殿和博物馆，如今已被毁坏得只剩下残骸。就这样，镇压起义军的凶残战争依然不断。

死了的已经不算数，那么，活着的人该怎么办？当时，想要调动全人类起义，反抗罗马还不可能，奴隶的力量还远远不够。在奴隶们的心目中，地上无门，只有天路可走，所以，他们把希望寄托于虚无缥缈的救世主，期待着他们死后会有好的报应。

奴隶主们出神地聆听着基督教徒的说教，他们也自我怀疑，是否可以随便迫害那些盲目的信教者？这样做是否值得？反正不动刀枪，对他们也没有损害的举动，他们只是信奉弥赛亚而已，就让他们期待去好了！

随着时间的推移，新教发展很快，现在已经拥有了百万人的庞大队伍。那么信仰如何打开人的眼界呢？不久前，手工匠还在梦想着天上掉面包，奴隶还在幻想着回故乡。而现在人的思想都凝聚在新教的神灵之上，他们却能心安理得地做事情。

公元3世纪末，就连罗马皇帝也认为和新教斗得没有意义了。因为新教就是统一人的思想，号召劳苦大众忍耐、温顺。这正是全世界所有帝王都梦寐以求的愿望啊！

历经几个世纪，基督教终于胜利了，连罗

▲ 用十字架宗教的教义来给奴隶定罪

马当时的皇帝君士坦丁也成为一名虔诚的基督教徒。因为他明白了，基督教比其他教有号召力，拯救帝国正需要这样的宗教来控制人的思想，干脆就让基督教来保卫罗马帝国吧。罗马帝国一下子抓到十字架，那情形就像垂死的人找到了救星一般，于是基督教又成了维护罗马帝国的安全卫士。也就从那时起罗马帝国的旗帜更改了，它改为十字架的标志，他们开始了用十字架宗教的教义来给奴隶定罪。事实上，奴隶们死心塌地信奉的基督教，也就成为制服他们的罗马法律，而十字架也正是给奴隶们定死刑的一种新工具。

不过这样，基督教也并未能保住罗马帝国永世太平，这样也未能阻止罗马走向灭亡，最后罗马帝国还是灭亡了。不过罗马主教留了下来，十字架保留了下来……其实，基督教本就没有拯救罗马的意思，只是延长了帝国的寿命。基督教主教虽然称奴隶和基督徒是兄弟，可对解救奴隶苦难却不慌不忙，一再矜持。尽管他们答应奴隶死后升入天堂，可升入天国的还有欺压奴隶的那些皇帝和官吏。况且，那些官吏更加苛刻，比异教徒对待他们还要凶残得多。他们千方百计地镇压"野蛮"民族起义，疯狂抓捕佃农和奴隶……其实，罗马的毁灭就是自掘坟墓。

可怕的事情终于发生了，"野蛮人"包围了罗马。罗马帝国闹饥荒，手无寸铁的饥馑者死伤遍地。饥肠辘辘的罗马人"疯狂"地自相残杀，甚至母亲也不再怜悯孩子。转眼之间奴隶成了这里的主人，他们打开城门将所有围城的起义者迎进城里。

多少个世纪了？罗马人一直歧视"野蛮人"。在他们看来"奴隶"和"野蛮人"都不是真正的人，可怎么也没想到自己也有这一天，奴隶和蛮族人共同团结对付罗马人，他们内外联合一起攻下罗马帝国。

相比之下，"野蛮人"也有很多地方不如罗马人，但蛮族人不把农民看作奴隶。虽然农民也必须劳动供养保护卫兵们和首领，不过在这里农民还是凭借劳动可以维持生存的。正因如此，无论穷人还是佃农都愿意投奔那些蛮族人。

历史上，奴隶起义被罗马人镇压了无数次，而如今罗马人不得不面对一场宏伟的革命，这场革命最终席卷整个罗马帝国。使罗马人的力量"奴隶制度"最终走向灭亡。

哥特人抢夺罗马后，接着其他民族也来了。这些人所经之处，无论剧院还是巨大的庙宇无不化作了废墟。卢克莱修和奥维德们的著作被扔进了火坑，大大小小的雕像被扔到了大街上。那些身披兽皮、尚未开化的汪达尔人连字都不认识，又怎懂科学和诗词呢？"罗马的毁坏者"就此成了名声可耻的汪达尔的别名。汪达尔在历史上，也正因这一丑闻而"青史留名"。

"条条大路通罗马"，曾经在世界上赫赫有名的罗马帝国，曾经被人羡慕的世界中心，而如今和普通的乡间一样，到处是青草遍地。那曾经立着镀金路标柱子的地方，现在几乎成了宽敞的牛羊圈。

第04章

·智慧，忽暗忽明·

当世界西方文化走进茫然的黑暗时，而东方的太阳依然蒸蒸日上。就如平原还隐没于黑暗而山顶却清晰可见。远道而来的船舶商队，正朝着东罗马的君士坦丁堡缓缓而行。船舶载来了阿拉伯的香料、印度的宝石、胡椒和其他的调味料，还有来自阿比西尼亚的象牙。而拜占庭那里狡猾的僧侣们，将蚕暗暗地藏在自己的镂空手杖中，偷偷地带出中国运到西方。

最后的那些罗马人

▲ 豪华的别墅已经是一片废墟

随着意大利遭受劫难,很多城市也被踏为平地,并从此消失。那情景简直如自然性的毁灭一样,如此神速,很多曾经繁华的地方瞬间变得破落不堪。田地满是杂草,曾经的葡萄园已经成了茂密丛林。罗马的元老院议员的豪华别墅已经是一片废墟,那些外来的、半开化的人,开始在这里建造自己的村庄、垒砌堡垒墙壁。

斧子在柏树林里飞舞,外来人的小屋,炉膛里柏树柴被烧得噼里啪啦直响,满屋子黢黑。哥德人的村庄,母亲们把那些罗马人的紧身衣和宽裤的碎片,改成了孩子的小被子和婴儿服。调皮的孩子,在大街小巷随便玩弄着破碎的铜像。新的主人不断落户于附近的封地,国王非常大方,他毫不介意地将这里的土地封给亲兵。

如今哥德族成了意大利的主人。然而,这里的奴隶们并没因为解放而自由,他们并未能得到他们梦寐以求的好日子。奴隶们曾经热烈地把他们迎进城来,可现在这些人成了新的主人,依然要求他们回到土地上干活去。有的地方,曾经的罗马农夫苟延残喘地生活在原地,他们尽可能地适应新的可怕生活。他们每年必须去哥德国王的国库和腊万纳纳贡,而且这些年贡是他们总收入的1/3啊!不过他们还是很庆幸,因为那些人毕竟还给他们留点财产。

腊万纳是新首都,和从前的不同,它像是一座堡垒矗立在北意大利的森林里。广场上的古代异教庙宇上面竖立起了十字架,曾经的审判厅和法官们座位的地方,现在已经被修建上了祭坛。

自称是奥古斯都[1]的哥德国王狄奥多理[2],每当接见使节的时候,他就头戴光彩夺目的王冠、身披紫红色长袍。不过他和过去的奥古斯不同,因为他不懂拉丁

▲ 狄奥多理的陵墓

文,他不能签字。每当他必须给法兰克王国或勃艮第等国王撰写公文的时候,他就把他的顾问兼秘书卡西奥多勒斯召唤去。卡西奥多勒斯有着显贵的身份,他曾经是罗马元老院中的一名议员。不过他还是十分顺从哥德国王的,他同一个最普通的官吏一样,总是很谦恭地手拿蜡板签上自己主子的名字。

卡西奥多勒斯也希望自己能帮助那些粗野的、缺少教养的蛮族人学会一些东西。他认为,蛮人没有知识是不行的,因为,让一个无知的新"奥古斯都"领导蛮人实在不可思议。而哥德人认为打仗的事情用不着笔,应该用剑,所以他们一直习惯用武力解决一切问题。可是,处理国家大事不用笔行吗?没有知识的人,能应付的了国家那些重大事情吗?

正因如此,国王不得不启用罗马的官吏和顾问,因为很多复杂的国家大事,他必须努力处理好。于是,顾问卡西奥多勒斯忠告他的主子必须怎样怎样。他的主子也像学生一样听他讲课,听他讲道理。

阿玛拉松塔是狄奥多理国王的女儿,而且是个勤奋好学的聪明姑娘,她比父亲更清楚知识的重要性。为了尽快学会知识和科学语言,她常常随身带着书本,随时拜见老师。很快,仅仅几年的时间,她由一个蛮女变为能通读

---

1 奥古斯都,有神圣庄严的意思。
2 狄奥多理(公元454~526年),是东哥德王国的创建者,公元493~526年在位。

诗词的阿玛拉松塔，而且她还能顺利地翻译拉丁文和希腊文。

阿坦那利克是阿玛拉松塔的儿子，也是王位继承人。阿玛拉松塔看着孩子渐渐长大，她不顾国家的有关禁止读书写字的禁令，开始教阿坦那利克认字读书。此事被国王手下的那些胆大而年老的亲兵们知道了。于是这些顽固者慷慨陈词，找国王理论，希望能停止少年读书一事。他们认为这样下去，就是国王亲自破坏了国规，是非常不理智的事情。哥德族根本不需要青年人读书认字，因为打仗不需要文化，国家要的是勇敢、凶猛的战士。如果孩子因为不好好学习而在学校受老师笞打，那么他们将失去信心，也许永远不敢面对刀剑，那样更会影响国力。

听了亲信们的理论，卡西奥多勒斯也无话可说了。尽管他打心眼里看不起无知的野蛮人，看不起这些顽固的同族人，可他还是装作若无其事的样子。

因为这些人除了无知和野蛮还能拥有什么？不久前，历史学家塔西佗还写道：日耳曼人像牲畜一样地生活，他们的孩子污垢不堪，和猪牛一样长大。凯撒也曾说："对于强盗的行径，日耳曼人非但不觉得可耻，反而还引以为豪，甚至以此来教育他们的孩子。"卡西奥多勒斯还回顾了普林尼曾讲过的一个故事，是有关日耳曼人某个部落的故事。故事中讲了这个部落分布于北海沿岸，他们在水面上建造了村庄，他们对农业却一无所知。

卡西奥多勒斯受到国王狄奥多理的委托，开始为哥德族编写历史。这个工作很累，因为在这之前没有他们的历史，现在就是历史的开端。卡西奥多勒斯相信凭借自己的能力，总有一天依靠文化可以降服野蛮人。

波伊提乌[1]是哥德国王狄奥多理的另一个顾问，他也是罗马人，而且具有古代贵族的门第。他很重视科学，在他家里，只要是显眼的地方无不摆放着厚厚的书籍。闲暇时间，他也善于研究有关和谐管理的常识。为了探究声音的奥秘，他把有关的一些弦线都接到板子上，通过收缩，再三试验。后来他

1　波伊提乌（公元480~525年），是古罗马晚期的唯心主义哲学家，曾被东哥德的国王狄奥多理重用，后遭忌被杀。

完成了一本有关音乐知识的书，此书流传了好几个世纪。

波伊提乌是研究机械学的。他给狄奥多理建造了一座钟，这座钟不仅能显示时间而且还能反应天体运行的状况。此消息不胫而走，于是，邻国勃艮第的国王龚多巴德，要求狄奥多理给他再制造一座太阳钟和一座水钟。为此波伊提乌又埋头工作起来了，时间不久，狄奥多理派使节，给他送去了一个既能预测天体又能计时的仪器。

狄奥多理非常满意，于是就派卡西奥多勒斯写信，勉励波伊提乌："你将那些希腊的著作翻译成拉丁文，你的贡献令人受益匪浅。如今人们能够顺利地使用拉丁文，可以用拉丁文学习《几何学》和《天文学》了。况且两位希腊的哲学家，亚里士多德和柏拉图在争论学术时，也开始使用罗马语言了。虽然希腊有伟大的科学和艺术成果，但如果没有你的辛勤努力，罗马也无法共享。"波伊提乌看着信禁不住地说："依然是卡西奥多勒斯的笔迹啊，如果想自己领会托勒密和亚里士多德的意思，那些蛮子还需要100年吧。"

对于世界上发生的一切，波伊提乌不想知道也不想了解，他把所有的时间都用于读书了。可是，现在罗马怎么样了呢？它可是曾经"永恒的"帝国啊！野蛮人拥进了整个城市，现在到处是破烂不堪的样子。而且瘟疫和饥饿接踵而至，将那些战争的幸存者的生命也逐渐地夺走了。那些罗马的尊贵元老院的议员们，为了保住自己那可怜的家产，竟然对异族人卑躬屈膝，忘记了耻辱和国家。罗马人在战争中，不仅仅失去的是权利和财产，他们还失去了宝贵的科学艺术和哲学知识。

如果现在去阻止这场战争，或许不算太晚。于是波伊提乌去找元老院的议员们，他们商量给拜占庭写信。希望战争冲击之外的拜占庭能给他们一定的援助，他们企图给腊万纳和拜占庭之间牵线。不幸此事被人揭穿，而且他们的阴谋还被昭告于天下。此事也激怒了狄奥多理，他下令一定要抓住波伊提乌，将他打入大牢，就这样，波伊提乌被送进了监狱。

▲《哲学的安慰》内文

波伊提乌被囚禁于监狱的石头墙下，等待着那无法避免的死刑到来。监狱的大门紧锁，狄奥多理的看守人很严，任何人不得随便照顾他，就连亲朋好友探望都不允许。况且，那时候他的朋友也大都不太自由。然而即便这样，他一点也不在乎，甚至在监狱里他一点也不感觉到寂寞，更不必说紧张了。他之所以这样心胸开阔，原因是在监狱里，他开始研究起哲学，并从中找到了安慰。他一刻不停地思考着，笔尖飞速地在纸上忙碌着。监狱里，他以顽强的毅力写成了一本书，名字为《哲学的安慰》。

因为有书籍伴随着，波伊提乌从来不感到孤独。从古至今，与他有着相似经历的——苏格拉底和他结为至交。对于一个即将死去的人，他也感到了无尽的迷茫。他认为世上一切皆空，所有都是过眼烟云，更令人叹惜的是"永恒的"罗马城市都无法幸免，况且如今已经被人践踏得体无完肤。波伊提乌思索着，手写着，此时，门外的剑子手已经开始霍霍地磨刀。他们马上就要将那颗思索着的头砍掉，就这样"最后一个"罗马人——波伊提乌死在了断头台上。

那么，卡西奥多勒斯怎样了呢？他不也是罗马人吗？不必担心！他还活着。虽然他和波伊提乌一样，都钟情于文化，可他没有参与那场阴谋。相反，因为他懂得太多，他知道这样做的后果非但阻止不了历史，而且是徒劳的。

不过他也在努力，他以自己的方式为发展文化而斗争着。他不辞辛苦地去了南方的意大利领地，在那里他修建了"维瓦里乌姆"的修道院，那是当时世界上最出名的修道院之一。"维瓦里乌姆"意思就是"生命之修道院"，他希望借助这座修道院，将幸存下来的少数文化珍品都保留下来。他常常给那些修道士们讲"世上最崇高的工作就是誊写工作"，于是，在他的鼓励和调动下，那些修道士们，从早到晚开始不停地誊写，他们不仅写希腊的也写罗马哲人的著作。

年复一年，时间流逝，转眼之间到了第6世纪的中叶。东哥德的王国已崩溃了，腊万纳也改变了主人，如今已经是伦巴德人掌权了。而在维瓦里乌姆里，也就是这个国家的南边，生活并没有改变原样。那里的工作依然继续着，那些如同蜜蜂采蜜一样的僧侣们，他们辛勤地为子孙后代努力着。

主持僧——卡西奥多勒斯·维瓦里乌姆，已经是一位90多岁的老人了。不过他并没有因为临近死亡的年龄而停止工作，似乎死亡之神也不忍心靠近这位"生命的修道院"。他仍然孜孜不倦地工作，依然精神饱满。也许死神希望他为人类多做些事情，并不打算让他停止耕耘的笔尖。

写作期间，有时他抬头远眺，那萦绕在山头蓝色的雾霭令他回顾起很多事情。他所看见的似乎不是山川，而是曾经的罗马街道，在那里，他看见了自己的朋友，回顾着那已逝去的年轻岁月。他又想起了波伊提乌以及他写过的《哲学的安慰》，如今杀死波伊提乌的刽子手早已不在人世了。曾经的国王狄奥多理，也已长眠于棺木里，就连狄奥多理的女儿阿玛拉松塔也已经死去。就因为她不愿意继续做蛮女的缘故，蛮族人就杀死了她。曾经的罗马已经不复存在，而书籍的寿命却远远超过了罗马，真乃是，知识的传播可以跨越时空啊。

卡西奥多勒斯很想将那些智慧遗产传给后世。于是他抢时间，争速度，在他的晚年终于写成了《论自由的艺术》一书。卡西奥多勒斯博学多才，精通7种艺术学问：天文学、几何学、音乐、算术、辩证法、修辞学、文法。怎么才能将这些宝贵的知识融汇于一本书里呢？年迈的老人颤抖着双手，痛苦地思索着……几十年，这颗心在那艰苦的岁月里饱受艰辛，积累这么多的财富。老人清楚，不能死，因为他还没有完成任务，至少应该将那些名人的姓名留下来，让后人知道才是。他还要让人清楚应该怎样寻求知识的宝库，于是，尽管在生命垂危之际，他也不停息地工作，直到他完成这本著作后，百岁高龄的卡西奥多勒斯，才安心地闭目死去。

卡西奥多勒斯去世后，又有人继承了他的事业。那些修道院的僧人，依然孜孜不倦地书写，又经过很多年的努力，他们终于完成了前人的事业。作为修道僧，他们满腹智慧，可除了誊写工作又能做什么呢？创新的时代已经过去，如今能做的，就是将智慧的遗产保留下来传给后世。

年复一年，周围的世界越发黑暗，懂得知识的人也越来越少。图尔主教格列高里[1]给他的朋友福丢内塔斯[2]诗人信里写道："我们曾经研究的成果正在消失。"现在修道院很多，可是卡西奥多勒斯，曾经视作神圣的事业却被人忽略，甚至当成罪恶的来源。罗马皇帝也就是教会的首脑，给一位主教的信中竟然提道："好像你在学习文法，我很遗憾，希望你能证明你没有学习那些无聊而世俗的东西。那样我们就可以安心地赞美神了。"

人们忽略知识，开始轻视科学，雅典的阿卡德米亚[3]学园已经不复存在。它的存在曾经长达9个多月，而且为后来的哲学提供了宝贵的材料。然而后来的人奉拜占庭的皇帝查士丁尼[4]之命，竟然将那些哲学家们赶走了。亚历山大里亚，塞累彼翁图书馆即塞累彼斯神庙也被人一把火烧光。伊巴提亚数学家西翁的女儿，就因为继承父业，酷爱天文学和几何学，竟然被人五马分尸。

多么残忍的事实！现在，无论是雅典还是在亚历山大里亚，这些曾经是科学兴起的地方，现在知识或者拥有知识的人已经没有了安身之地。那又何况异地他乡，以及日耳曼和高卢的茂密的森林里呢！科学备受贬黜和考验，只有耐心地度过一段艰难时光，那时它将如灰姑娘一样，被人们视作"神学的仆人"，相信将有人重新接纳它。

---

1 图尔的主教圣格列高里（公元540~594年），是法兰克历史学家。
2 福丢内塔斯（公元540~600年），是法兰克的主教和诗人。
3 阿卡德米亚，是希腊文的音译，指柏拉图教授哲学的学园。
4 查士丁尼（公元483~565年），是东罗马帝国的皇帝，公元527~565年在位。

耐心地等待吧，等待总会受到补偿，总有一天，灰姑娘的王子会敲开那扇铁锁的大门，亲自牵起她的玉手，将其带进宫殿并称她为"王后"。那么这位王子应该是谁呢？究竟是列奥纳多·达·芬奇，还是罗吉尔·培根，或者是乔尔丹诺·布鲁诺？只要你耐心地读下去便会知道。

科学在修道院间流亡

曾经一段时间里，世界变得更黑暗了，就连神父中算是有学问的人也已不多见。只有那孤零零的修道院还矗立于世间，那厚厚的墙壁下，透射着黯淡光线的小窗口里，依然还有一个勤奋的修道僧侣，他还在不停地誊写着书本。

当蛮族人的军队，如同洪水一般淹没了罗马的大街小巷时，很多人偷偷地逃亡了爱尔兰和不列颠。偷渡的航道上，颠簸不堪的小船，载着哭泣不止的一家老小，把他们带到了海峡的另一边。那些人只好告别故土，告别熟悉的家园：土地、房子和奴隶，因为超重，他们只能带些随身贵重的物品。

当然，有的人带走了黄金和白银，有的人带些贵重衣服和皮货，可有的人却带走了书籍。那些视书籍为宝贝的人，即便在人荒马乱的情况之下，也不愿意抛弃自己沉甸甸的书籍。因为他们知道，这些书籍是那些曾经的科学家、哲学家以及诗人的宝贵财富。不过能够这样想的人并不多，可有谁知道！就在人们对家乡对自己曾经拥有的那些财物恋恋不舍的时候，那些书籍却被悄悄地潜藏在船上的大包裹和小包裹里了呢？就这样知识又被人储存了下来。

压抑多年的藏书之人，埋藏已久的书本，终于有了重见天日的一天。就在隔海的那边，在爱尔兰的一个修道院里，有个僧侣正专心致志地记录着古代的传说。那些传说曾是一个多神教歌手、行吟诗人积攒出来的。不过这个满腹学识的僧侣，并非普通的誊写僧，他不是在简单地誊写。当他写到水手迈尔·杜音的航海故事时，他情不自禁地想到了航海家奥德修斯。因此他将美丽的加里普索和独眼的赛克洛普斯,从地中海挪到了大洋中。他在古代爱尔兰传说中,又加入了大卫唱咏圣歌的词句。接着,他还在爱尔兰的传说中,编进了维吉尔的诗词。

我们再也不愿意回忆那些累累的伤心往事了,在图勒不远的地方,海洋的边缘之处,又有人吟诵罗马诗了,然而,家乡却早已把他抛弃。和诗人同道,在那里还有一个避难者,他就是科学家比达神甫。

比达神甫为修道院学校编写了教科书,他还重述了波伊提乌那本音乐书。后来,不列颠学者阿尔琴就借助于他的那本书对音乐和算术进行了研究。就这样,知识的"火花"不断地传递着,从亚里士多德传递给了波伊提乌,又从波伊提乌传递给了比达神甫,再从比达神甫传递给了阿尔琴。阿尔琴也费尽周折,设法传递着这个知识性的火花,他不希望这支火花熄灭于自己的手中。他想到亚里士多德,曾经是马其顿的亚历山大国王的导师,于是阿尔琴就想把科学知识,传授给法兰克的查理大帝。

法兰克的国王查理大帝,是一个高大勇敢的武士。打起仗来他非常凶猛,能举着剑将敌人的头连同头盔一起劈成两半,对于他可谓是人见人怕。但是让他那张巨大的手,去玩弄小小的笔尖实在是太不合适了。他也暗自使劲,可还没有研究明白怎么使用它。每当就寝时,他的枕下总是离不开写字的尖棒和蜡板。睡不着觉的时候,他就悄悄地起来练习写字,微风吹进小窗,他的胡子在风中飘摇不定并时刻扰乱着他,尽管如此,也无法分散他学习的注意力。虽然,他的拉丁文写得歪歪扭扭,他抹了再写,写了再抹,但他依然坚持不懈地学习。

他之所以这样刻苦,因为查理明白知识的重要性,要知道在一个国家没有书吏和使节,没有公廨、规章和敕令是绝对行不通的。况且他的国家还在逐渐扩大,他的剑还要征服许多的国家,他不会忘记,公元800年的那个圣诞节上,教皇利奥三世亲自将属于罗马皇帝的纯金王冠戴在他的头上。他想,皇帝怎么可以是个文盲呢?

由于他的好学也吸引很多情趣相投的人们，每天晚上，都有很多知识性的人士在亚琛的查理王宫中聚集。阿尔琴、诗人安歧尔伯特、历史学家爱因哈德都在这里。为了熏陶家人，查理还安排了他的儿女和姊妹，在炉边夜话时来聆听有关知识。

聚会中每个人都有自己的绰号，安歧尔伯特叫作"荷马"。阿尔琴叫做"阿尔宾"，意思是表示对罗马诗人贺拉斯·法拉克的敬意。而且大家还给阿尔琴附加上一个"法拉克"的名字，大家还给查理大帝起了一个名字叫做"大卫"，"大卫王"没想到自己有一天也会进入罗马人和希腊人的团体。

大家聚集一起练习读诗和谈话的技术，而且有时场面很激烈，大家为了一个话题时常是争论不休。当然了，都希望在口头比赛中能争取第一，他们唇枪舌战，无不郑重其

▲ 教皇利奥三世

事地玩着这种智慧游戏。大家给这个团体取名为"阿卡德米亚方"，查理大帝在特殊的环境创造了一个全新的雅典，受到大家的赞赏。但这个坐落在寒冷的森林中的木头城市又有哪一点可以与雅典相比呢？铁皮大门、破落的小窗、坚实的石头墙岂不是更像堡垒或者军营？

况且，"阿卡德米亚"这个名字和炉边夜话的聚会也很不相称。这里充其量也只是供未知的成人和孩子们的启蒙学校。因为这种活动没有新的内容，这里的人只是在发表自己的一些看法而已。而且又大都是不成熟的思想见解，这怎么可以与阿卡德米亚相提并论呢！不过，这是一个特殊的环境，这是在百里方圆找不到一所学校的地方，所以，人们拥有这样的场所还是十分有必要的。

时光荏苒，智慧的火花在人们头脑间喷发异彩的光芒。可在黑暗中这种星星之火，是多么微弱而黯淡啊！查理去世后，他的国家四分五裂。曾经积攒的土地连同土地上的居民，又被他转手分赠给了那些跟随他的公爵和伯爵们。可这些公爵和伯爵，却待在自己的领地坐享其乐，甚至有的认为自己就是皇帝，于是这些小小的领地也就变成了一个个小小的国家。

世界重新变狭窄了

一个个小小的独立国家，也就是一个个小小的独立世界。就算周围的一切都发生变化，这些独立的世界依然存在，因为它们互不干扰也互不联系。

农奴们在主子的所属范围干着自己的工作，捕鱼、研谷物、酿啤酒、鞣皮子、制作皮靴、编织麻布等等。他们心安理得地奉伺着自己的主人——领主，于是他们成了这里的奴隶。曾经几千年的奴隶制度跟随罗马一同崩溃，然而，新的封建制度又慢慢地在此形成而且巩固。如今在这些地主的庄园里依然少不了"奴隶"，况且，这里所有的事情都是依靠农奴支撑着。

奴隶一直憎恨劳动，而农奴不劳动又该如何生活呢？他们微薄的收入里仅有一半或者1/3属于自己啊，不过他们总算有点主权，为地主也为自己的生存，农奴不停地劳动着。相比之下奴隶是一无所有的，而他们拥有自己的劳动工具，他们所在乎的只是犁和耙能否完好。

日耳曼和法兰西的茂密森林里，一个个孤零零的领地，都是依仗着农奴们辛勤的劳动而维持着。森林里野兽很多，地主们偶尔带着随从和猎狗出去转转。烈马飞奔而过，号角声合着犬吠声在空中回荡，一会儿又都恢复于平静。

山间道路崎岖不平，骑马和行人未必自由，所以这里的人大都很少外出。假如有婚车或者给死人出殡，很多人和很多的车在中途相遇了，那就无法通行。

况且谁不爱惜自己的生命呢？这里路旁的土岗隐藏着一处处的贼窝城堡。山贼领主时常带着全副武装的强盗突然袭击，怎不令人胆战心惊。

这里通行的规矩是，车上掉下来的东西就等于丢失。所以有的人就希望着，哪辆车上能多掉下来一些东西，正因如此，很少有人乘车而出。商人出门也大都步行，他们尽可能地背着货物走路，这种习惯延续很多世纪，以至于人们把去往伦敦的商船还称作"尘足船"。当然了，人们用这个称呼，只是为了纪念商人在尘土飞扬的商路上，长途跋涉的徒步情景。不过现在的交通比起从前，世界变得狭窄多了。

▲ 贸易往来中的行船

奥地利的那些僧侣们，感觉诺曼人、法兰西人和英吉利人都是不出名的民族。然而在法兰西和英吉利，人们对奥地利更是一无所知，因为人们歧视异族人。大家也只是偶尔在一些街上能看到少数的异族商人，一旦与异族人相遇，他们见面时常厮打杀戮，无法进行正常的贸易，简直就是赤裸裸的掠夺。这种商业间的闹剧，经常会损坏棚舍和货摊，甚至互相伤残。

人们甚至又回归了从前，回归到那个对科学一无所知的愚昧年代。大家闭关自守，根本不关心世界的发展变化，不过这些并不影响自己的生活。人们在自己的圈子里总是自得其乐，因为没有战争，也很少有外族入侵犯。不幸的是，这里曾经流传的书籍已所剩无几了，只有修道院才有些书。而普通百姓、非僧侣人士又都没有资格阅读圣书。

世界范围又在缩小，就连学识渊博的人也觉得世界狭窄得可怜。他们朦胧地感觉到周边是茫茫的海洋,而海洋的那边,还有一个新的世界。那个世界的围墙高高耸立,而且弯曲隆起着,即形成了苍穹,那世界上居住的都是圣徒和神人。

世界是狭窄的,大地的中央是一片海洋,它还临近三个海湾,况且这里分布着三条河流。那三条河流分别是,幼发拉底河、底格里斯河和尼罗河。公元6世纪,埃及的僧侣科斯马·印第科普留斯特斯写了一本著作《基督教徒地方志》,书中曾经描述的世界就是这个样子。那时人们在他的故乡——亚历山大里亚,还记得希腊的一名科学家。

科斯马曾经去过很多的地方,算得上一个见多识广的人物了。人们甚至称他为"到达印度的航海家",可他却排斥科学。他的怪论是:"知识使人骄傲,骄傲就是罪恶。尽管科学家对日食和月食现象解释得头头是道,可那与人们的日常生活没有太大的联系。我们浪费时间研究它们又有什么意义呢?"科斯马还补充解释:"我只是从圣经上得到点皮毛而已,其实这并非我个人的见解。"

学者们也仅局限于那些陈旧的圣书纸卷,他们已经没有兴趣探究大自然,也就更没有兴趣阅读那些自然性的知识读物了。当他们疲倦地再回头审视这个世界的时候,他们已经变得非常盲目。因为在他们的精神世界,没有花草树木,没有飞禽走兽。周围的一切只是光秃秃的字迹和符号,一切只能听命于圣书了。

昏暗的修道院学校,僧房里教师正领着学生学习《地理学》。《地理学》主要是介绍有关珍奇野兽的知识书本,教师在津津有味地给学生讲授大象的本性。教师讲,大象的膝盖是不能弯曲的,假如它跌倒了就再也无法起来了,所以大象打瞌睡时,必须靠着大树睡觉。猎人了解大象的天性,所以,他们打猎时就提前把大象出没地方的那些树木锯开一点。故意在旁边等待大象,当大象乏了靠着树木睡觉的时候,树木突然折断,大象就会受惊嚎叫。这时在一旁的另一只大象听到嚎叫也会赶紧跑过来,它本打算帮助同伴,不料自己也跌倒了。紧接着,两只大象一起叫起来,突然之间,又招来了20多只大象,这些大象无能为力,禁不住一起大叫起来。之后,一只小象跑了过来,它将长长的鼻子伸开,慢慢地把大象扶起来……

学生们睁大了眼睛听得出神,然而,教师并未打算让孩子们自由想象的意思。他又接着给学生解释:"其实故事里讲的并非真正的大象,大象只是古老犹太教的信条。而那只小象则是救世主,尽管它很卑贱、温顺但它欲要扶持、拯救人类的一切不幸。"原本一个充满乐趣的故事,而却被老师讲得神乎其神。

一些远方的故事,渐渐地与说教、圣徒们的修行交织在一起了,简直是驴头不对马嘴。这时候,又在一些

▲ 科斯马·印第科普留斯特斯眼中的世界

地方流传着有关圣徒勃朗顿及其旅伴的一些故事。故事叙述,勃朗顿和他的旅伴们在茫茫大海上航行时发现了一座小岛。于是他们停泊下来,想在岛上开始安营扎寨,不料小岛突然摇起尾巴游了起来。此时岛上的人这才发现,原来这里并非海岛而是一条庞大的神鱼……

那时候,还有一些人又在详细地传说着一个东方的国家,统治这个国家的人是高僧约翰。他的宝座是由无数的珍珠、红宝石和绿柱石做成的。一天,他的宫殿里正在进行3万人的聚会活动,而且12个主教分坐其左右。伺候他的人更多,包括7个国王、62个公爵,还有265个藩侯。

各种传说真是神乎其神,当然,这些传说却使人无法相信。但传说里的高僧、心腹、客人等等都无不有名有姓。况且那个时代的人本来辨别能力就不强,他们怎么会不相信呢?

▲ 孩子好奇地看着书中的插图

人类又回到了狭小的世界，在这些封闭的圈子里，人们幻想着外面的世界。大家互相传说着围墙外的故事：姑娘们坐在纺车的前面，一边纺线一边唱着歌儿，她们的歌曲是叙述一个"世界边缘的"图勒国老国王的往事，塔外是咆哮的海浪，而塔内的国王与武士们尽情地畅饮……故事中的图勒，其实就是航海时代希腊人谈到的国王。曾经人们认为那里就是世界的边缘，不过后来证实图勒国的北边还有人类，而今的图勒国又变成了世界的边缘……

孩子们好奇地看着书中的插图，插图里是一群欲去朝拜的人们。其中一幅显示的是，一望无际的平原和茫茫的山川以及茂密的森林；那小小的树林里还有高高耸立的城堡和修道院的顶尖；帐篷似的天空笼罩着大地，天空昼夜不明，星辰日月闪现，似乎给人一种朦胧的美感。

天空下有一个手持拐杖身穿僧侣服的朝圣者，他虔诚地在那跪拜着。突然，他拨开了天空的帷幕，向外张望着，看什么呢？只见他满脸惊愕的表情。因为他看到了世界之外还有很多天球，而且那些天球依托一个巨大的轮子正不停地转动着。他禁不住惊叹起来，世界如此狭小，一切事物，包括世界的边缘尽收眼底了。瞧啊！那就是幻想走到世界边缘的初生婴儿……

为了扩大人类的视野，古往今来多少人又耗费了多少力气啊！而如今他们又回到了从前的狭小世界里。现在，人们自给自足，大家生活在自己的领地，每一块领地都是孤立狭窄的小小世界,在这里又有一些人正努力地做着与众不同的工作。再过一段时间,工作的内容和成果公布于世,那时世界就将扩大,而且越扩越大。

东方还在"发光"

当世界西方文化走进茫然的黑暗时,而东方的太阳依然蒸蒸日上。就如平原还隐没于黑暗而山顶却清晰可见。远道而来的船舶商队,正朝着东罗马的君士坦丁堡缓缓而行。船舶载来了阿拉伯的香料、印度的宝石、胡椒和其他的调味料,还有来自阿比西尼亚的象牙。而拜占庭那些狡猾的僧侣们,将蚕暗暗地藏在自己的镂空手杖中,偷偷地带出中国运到西方。如今产自拜占庭的蚕丝也变成了贵重的织物,君士坦丁堡早已有了纺织的能工巧匠。

那时的西罗马已经崩溃,而东罗马却保全了下来,这究竟是什么原因呢?原因很简单,西罗马死守着奴隶制度不放,而拜占庭则识时务地放弃了奴隶制度。如今西罗马的福鲁姆广场上,可能是荒草遍地,而东罗马的君士坦丁堡,却是壮丽无比的全新教堂和宫殿。

拜占庭这边,一处处宏伟的圣索菲亚教堂高耸云端,圆屋顶下一排排明亮的小窗,似一片人造的天空透着光线。经过建筑师们埋头探究,刻苦钻研了深奥的阿基米德的著作《论支柱》,他们才得以成就这个宏伟的建筑。而且,凭着他们的智慧,建筑者又成功地在圆柱屋顶架起了一排排合唱团的位席。圆柱的顶部还镶嵌了一圈精巧的花纹装饰,那是用白大理石雕刻而成锯齿边的叶子。

墙壁是若蓝、若黄相间的颜色,基督和圣徒们的肖像是用彩色石头镶嵌的。天国的皇帝高高端坐在豪华的宝座里,此刻在他身上,哪里还能找到和穷人、奴隶们相近为朋之处呢?拜占庭皇帝高大雄伟的画像,被安放在这位天国皇

▲ 正在弹奏竖琴的大卫很像古希腊神话里的歌手俄耳甫斯

帝的脚下。画中的拜占庭，头戴无价冠冕，身披金线外衣，他低着头正跪拜着，双手伸向那位天国皇帝的双脚。

每当拜占庭皇帝在宫廷里接见大臣时，大臣就低头跪拜皇帝身前，并亲吻他的脚，以表敬意。这和以前的基督徒皆不同，因为基督徒们虔诚而刚烈，他们誓死不承认皇帝是神。可如今的皇帝被教徒们神化了，皇帝的头顶还被画上一圈灵光……

如今人们看到拜占庭，情不自禁地就会联想到古代的罗马。正因如此，邻近的民族称拜占庭的希腊人唤作罗姆人。也就只有他们才能将那些古代科学、古代艺术、古代法律保留下来。人们偶尔也能在教堂里看到一些美丽的天使，天使们个个漂亮得无以伦比。残余艺术诗篇的插图上，正在弹奏竖琴的大卫很像古希腊神话里的歌手俄耳甫斯。大卫的脚下是光着上身的潘神，他欣然地和一群绵羊、山羊在一起。

圣像上还有一些憔悴的圣教徒，不过在这里科学和艺术低于圣教。艺术家们没有胆量去破坏教会的传说和规矩，一幅幅新的圣像，总是在重复着旧的东西。"异端"是指"不同于大家的学说"，渐渐地人们开始更频繁地听到这个词语。教会不允许有同它相悖的任何学说，它时常利用这个可怕的词语迫害那些异教徒，而且一旦发现，他们对异教徒是毫不留情的。

在拜占庭国家，神教们也开始研究古代的哲学了，目的并非为了吸取智慧，而是为了更好地驳倒那些异类理论。当然，这些人不可能拜读德谟克利特的文章，他们只读亚历山大里亚的主教——戴奥尼修斯反驳德谟克利特的文章。

戴奥尼修斯认为：宇宙是由造物主创造的，它并非由自然产生。就好像工人建造了房子，而造物主创造了宇宙一样，星辰只是遵循神的指引而无规律地运动着。他还强调，正直的人，拥有智慧的人都会相信这些理论，不管那些可怜的反对者或者持反对意见的人是否承认，是否接受，事实是无法更改的。

▲ 拜占庭宫廷建筑

在教会的那些书籍中，曾经饱含着古代哲学家们无尽的辛酸和苦辣。而当今的僧侣们，却一个个大言不惭地歪曲了那些古代哲学家的思想，他们甚至侮辱、谩骂那些古代的哲学家们。谁让他们是多神教的呢！保加利亚主教约翰就毫不客气地说过，亚里士多德的学说根本没有滋味，简直就是无味的泡沫。乔治·阿马尔托尔则直言不讳地诽谤德谟克利特，说他是"该受到诅咒的人"。

▲ 希腊多神教庙宇的白色柱子

过去，希腊多神教庙宇的白色柱子，在蔚蓝的天空下是多么耀眼。从前希腊学者的著作对人影响至深，他们的思想曾闪闪发光。而如今在拜占庭的圣像上，那点光辉渐渐地熄灭了。那些多神教庙宇的圆形大理石柱子已经被破坏，不过也有一些被敌视的多神教者，偷偷地从被烧毁的破纸堆中挑选并摘取了一些零星的句子，也就算保留了一些古代文化的残余智慧了吧。现在其他辉煌都已经过时，只有拜占庭神采奕奕地伫立在落日的余辉中。

第05章
安泰"巨人"

安泰是个勇敢善战的民族,他们打仗很有秩序。而且他们善于使用弓箭和斧钺等武器,使用这些武器,他们交战起来就更加勇猛无敌了。那时,安泰人有一位智谋超人非常老练的首领,这人就是杜勃罗加斯特。

新的人物开始登场

在人类发展的历史舞台上，总是不断地更换着不同的角色，如今这巨大的舞台又有新的人物登场了，他们被称之为安泰[1]人，也有人称他们为罗斯人。"安泰"的本意就是"巨人"，曾经的传说中，安泰人身高马大，力气如牛。因为这些人高大魁梧，体重如石，连马都驮不动。那么他们是哪里人？究竟又是干什么的呢？其实他们是西徐亚人的后裔，他们也就是现在的白俄罗斯、乌克兰和大俄罗斯人们的祖先。

▲ 西徐亚人

西徐亚人向人们炫耀，古代的时候，天上曾经有很多金属制品和一些瓷器物品降落在他们的土地上。不过，后来还真有人在他们现在居住的地方挖掘了一阵子，挖掘中，人们发现了两三千年前他们祖先曾经使用过的一些工具。几个世纪后，考古学家在第聂伯河与德涅斯特河中间的平原，又发现了一些石头工具和骨制品。而且在那里，还能找到泥制的用于保存谷物的大容器。这里曾经居住过的古代农夫，就是后来的安泰人或罗斯人的前辈。

希罗多德的时代已是很久远的事了，曾经居住在顿河与德涅斯特河之间的平原上的人们，在这里留下了很多文化遗产。那时的人在此建筑房屋和种地，历经多少代以后，如今这里已经

---

1 安泰，原来是指希腊神话中的巨人，他是地神盖娅和海神波塞冬的儿子。

发展形成了很多城市群，而且城市里都有很多富丽堂皇的建筑，于是人们给这里起了"城市之邦"的称呼。

四周皆是围墙的城市里，能工巧匠们工作着。可以说，陶工、锻工、铸工和首饰匠各司其职。在漫长的岁月里，人们将泥土制成各种模子，然后再加工制作各种工艺品。如今古代时期的很多东西还都依然保存完好，这样考古学家才得以收集并比较复原，使这里当年的繁荣景象得以重现。

安泰是个勇敢善战的民族，他们打仗很有秩序。而且他们善于使用弓箭和斧钺等武器，使用这些武器，他们交战起来就更加勇猛无敌了。那时，安泰人有一位智谋超人非常老练的首领，这人就是杜勃罗加斯特。这位勇敢的首领不仅能在陆地上指挥打仗，而且在海上指挥也很有技巧。拜占庭皇帝曾将一个荣誉头衔赐与他——"战事护民官"，况且，皇帝还下令由他指挥全部的希腊舰队，在本都（黑海）航行。如今这里的老年人，对当年的故事还津津乐道。

安泰的商人不仅与南方拜占庭的商人往来，他们也与东方哈查尔的商人做生意。来自阿拉伯的商队，就是最早先经过哈查尔人土地的商人队伍。阿拉伯旅行家的日记里曾经记载过这些地名，第聂伯河上的库雅比亚，那里有座城市叫库雅比（基辅）。再远一点就是诺夫哥罗德——斯拉夫的土地了，如果再向远处走一段距离，还有阿尔斯城所属的阿尔塔尼亚，那想必应该是伏利尼的国土了。

年复一年，时间匆匆而逝，这里在诸罗斯公爵的带领下不断发展，如今已经形成一个大基辅国。而基辅是诸罗斯的首要城市，后人称之为"众罗斯城市之母"……

斯拉夫人很厉害，他们发掘了古代希腊、罗马的很多文化。日耳曼人曾经毁灭了罗马，那么，斯拉夫人怎么样呢？斯拉夫人与拜占庭究竟是敌人还是朋友呢？他们能成为古文化的继承者还是破坏者呢？在时间的长河中,敌友的位置不断地更换。由敌人变成了朋友,又由朋友变成了敌人,就这样不断地重复着。

希腊人了解斯拉夫人的厉害。因为,罗斯的军队曾数次进犯东罗马帝国的边境,奥列格大公的舰队拥有船只上万,斯维雅托斯拉夫有战士多达6万。列奥·第阿孔纳斯是拜占庭的编年史作者,在他的文章中,人们发现有时他称他们为罗斯人,有时又称其为西徐亚人。书中还道:"人们都知道托罗斯那边的西徐亚人是非常刚毅、勇敢的。他们打仗从不向敌军低头,甚至妇女也不甘示弱,她们和男人一样也能英勇地战死于疆场。"

约翰·齐米斯赫皇帝曾经有一次恐吓斯维雅托斯拉夫,说要派罗马全部军队去攻打他们。斯维雅托斯拉夫大公回复,告诉他没必要费心过来了,只要罗马皇帝想打仗,我们奉陪到底,去迎接他就是了。只要我们出去,用不了太久,我们的军队就会在他拜占庭的城门前安营扎帐,甚至会水泄不通地围住他的城市。

在一次战役中,罗斯大军被敌人包围,很多人劝斯维雅托斯拉夫大公退兵,可是斯维雅托斯拉夫大公坚决不肯,他铿锵有力地回答,如果我们现在承认失败,那么在罗马人面前,我们罗斯人的荣誉就被丧失。承认失败,我们怎能称得上征服国家不留血、战胜邻族不费力的民族呢?所以,我们必须坚持祖先的精神,相信罗斯是战无不胜的。为了荣誉我们必须战斗!活着就向前,死了也光荣!

拜占庭的历史学家在书中描述的斯维雅托斯拉夫,就是这样一个口才无敌的雄辩家。同样的事情,可能俄罗斯作者描述得更简单些。在俄罗斯的编年史中,斯维雅托斯拉夫曾经亲切地对他的士兵们说:"我们不能做出辱没俄罗斯人的事情,死亡并不可耻,但逃跑很可耻。就算我们粉身碎骨,也绝不可能溃逃,我们必须坚持勇往直前!"以上两件事情其实都是描述一个英雄的伟大形象。

约翰·齐米斯赫皇帝很愿意与斯维雅托斯拉夫大公握手言和，因为他知道罗斯人是一股非常厉害的力量。所以，当奥列格从海陆迫近君士坦丁堡时，拜占庭人就急急忙忙和他缔结各约了。因此，当别人向帝国的国库缴纳重税的时候，罗斯人则例外，拜占庭对罗斯人一向免税。如今拜占庭人又击败了伊戈尔和他的儿子斯维雅托斯拉夫，可是谁敢预料，这个斯维雅托斯拉夫会不会再卷土重来呢？他可一再宣称："你们等着吧！我一定会重新回去，而且回去后要带更多的军队过来！"

▲ 约翰·齐米斯赫皇帝

抱着这样的愿望，约翰·齐米斯赫皇帝向多瑙河边走去，皇帝身着黄金甲胄，骑着战马，而且全副武装，可算是威风凛凛。他走进罗斯的斯维雅托斯拉夫大公约定的地点，正遇上靠岸而来的斯维雅托斯拉夫船只。斯维雅托斯拉夫没有上岸，他就坐在船上的长凳子上，而派手下的人去吻约翰·齐米斯赫皇帝的脚。

看到这情景，拜占庭的那些大臣们很好奇，他们想了解这位罗斯人的统帅究竟什么意思呢？于是，大臣们细心观察斯维雅托斯拉夫。他很简朴，和战士一样，只穿件洁白的衣服，耳朵上带着两颗珍珠，红宝石的金耳环闪闪发光。这位大公蓝眼睛，长胡子，而且留着长长的额发，看起来阴郁而严厉，给人一种威而不可侵犯的感觉。

看到这幅形象人们不难想到他的勇敢、傲慢和膂力的故事。基辅的国家扩张很快，在巴尔干、卡马河、维亚特卡、高加索和伏尔加河等地，都曾留下斯维雅托斯拉夫的足迹。他行军从不知疲倦，常常露宿马鞍，而且作战勇猛果敢，经常打得敌人措手不及。他为人正直，打仗也毫不例外，总是光明正大地面对敌人。作战中他常常边打边不住地喊着："我就想攻打你们！我就想攻打你们！"由于他这股子猛劲，敌人往往被他打得落花流水，所以在作战中他总是获胜。

拜占庭的历史学家还描述那次会晤："斯维雅托斯拉夫在船里坐着只是与皇帝谈了点讲和的事情，随后就跟着船回去了。"拜占庭的皇帝望着他们的船只离去，斯维雅托斯拉夫大公的桡夫们齐心协力，船下泛起一阵阵浪花。皇帝非常恼火，没有好气地踹了几下自己的战马。

就这样，旧的罗马帝国与现在新的俄罗斯相遇了。而且切磋不止一次，由战而和，又由和而战。拜占庭的人曾经发誓说："只要太阳还在，世界还能存在，他们就要遵守约定。谁要是破坏两国的友好，他就将遭神打雷劈，而且让他做奴隶，永世不得翻身。"俄罗斯人和他们谈着话，也郑重地取下自己的武器，放之地上，跪拜在他们的神龙脚前，而拜占庭的人只是亲吻了几下十字架。

不过在拜占庭人的眼里，誓约并非大不了的事情，他们才不会在意。就在维斯亚托斯拉夫大公返回基辅的途中，游牧民族佩彻涅格的军队已经在那里等着他了。岂料维斯亚托斯拉夫让大部军队从另一条路走了，现在他身边只带着少数的保卫人员。此时，草原上一股骑兵队伍呼啸而过，他们如疾风一般，向俄罗斯人猛扑过来。俄罗斯人见大势不好，急忙取下刀剑，勇敢迎战，就这样，两家的人马就在斯维亚托斯拉夫大公返回的途中交火了。

那么，佩彻涅格人怎么知道斯维雅托斯拉夫的行踪呢？究竟是谁透露了他们的行踪秘密呢？那当然就是拜占庭人干的了。他们一向喜欢利用机会，暗杀或者挑唆佩彻涅格人去袭击俄罗斯人。拜占庭的皇帝齐米斯赫很狡猾，也很阴诈，他打仗时从来不会向敌公开说："我想攻打你们，我就是要攻打你们！"不过，他却善于借刀杀人，现在就借着佩彻涅格人的手想杀害俄罗斯大公，没人知道他们密谋杀害的赏金究竟是多少。

两国和了又打，打了又和，显然互不侵犯的誓约已无法生效了。尽管如此，世界依然存在，无论怎样，俄罗斯和拜占庭还是必须协同发展。有时，拜占庭受人侵犯时也曾求救于俄罗斯，俄罗斯也能义无反顾地给他们派去援兵。俄罗斯人曾为帮助拜占庭抵挡佩彻涅格人，不惧流血奋战，他们人马负伤很多才保住了拜占庭。拜占庭和俄罗斯平时也互相交换一些生活用品，总之，彼此一直往来不断。

自古以来，希腊人就知道俄罗斯的存在，俄罗斯人也了解希腊的情况。俄罗斯人的先祖西徐亚人，在克里木曾经建立了自己的城市，最出名的城市就是尼阿波里斯，而那个地方距离希腊的殖民地很近。在那些城市，在西徐亚人用于抵抗外敌的高大石头城墙，常使外国人感到惊讶，因为他们在别的国家从没见过这样厚实的城墙。

西徐亚的皇宫和陵庙中储存着很多精美壁画。有的壁画呈现的是骑马战斗的情景，一个猎人拿着长矛刺向野猪。还有的壁画呈现的是，大胡子的歌手膝盖上放着竖琴，似乎边唱边弹的情景。西徐亚人用的是岩石地窖，里面可以储存大量的粮食，而且留着做买卖所用。他们常常把这些储存的谷物，通过希腊的殖民地、奥里维亚、赫尔松运往希腊。

宽阔的海路把西徐亚和希腊连接起来了。通过这些水路，希腊人可以自由地去往西徐亚和俄罗斯，并与它们进行各种贸易往来。而后来，希腊的首都也招来了很多的俄罗斯人……

乘着船去周游世界

每年到了冬季，俄罗斯人都上山去砍伐槲树，他们用这种木材做独木舟。到了春天，他们把船放进河湾里，顺着春水，独木舟就可以向第聂伯河、基

▲ 乘船旅行

辅等地游去,到那里人们再把自己的船桨装饰一遍。

当大车满载着貂鼠皮和黑貂皮、粮食及蜡,沿着山道,去往第聂伯河一带时,那些载满货物的船只也在岸边解缆了,这些商船又拐弯陆续发往第聂伯河的中游一带。那时船只都是成群结队地出行,否则会很危险。因为在河里也会遇到麻烦的事情,河里的第一处险滩称之为"别睡觉",想想名字都令人害怕。这里水流湍急,暗礁随处可遇,水石相击,泛起几丈高的浪花,商人们到达这里无不胆战心惊。无奈中他们常常对着河流祈祷,请求它保佑自己平安过去,也请求它像爱抚鸭子和海鸥一样爱抚他们的船只。在险滩上商人经常下船把船只拖到岸上,要么扛着走要么拉着走。

听起来,这地方好恐怖啊!岸上的野草一人多高,时常能看见那里埋藏着的白骨,因为,佩彻涅格强盗经常埋伏此地,等待着往来的过客。只要见客人经过,他们就呼啸而来,八方包围,抢了东西不算,商人的性命往往难保。只有过了险滩,才能平安无事,船只再重新回到水中,人们的心情方能平静。海口的那边有一座小岛,岛上有一棵巨大的槲树,商人路过此地必去拜见。他们郑重地把剑插进树身,在旁边供上母鸡和公鸡,他们对树谢恩。因为在他们看来,是槲树保佑了他们渡过险滩,在这里休息一会儿,出发前他们还得用这种木材将船只新装饰一番。

商队又出发了,此刻的大海咆哮着,他们的船只在浪花里吃力地前进着。商人们对着大海,对着扑打而来的浪尖,虔诚地向风神斯特里波格的子子孙孙们祈祷起来。他们希望风神们架起翅膀来保护自己的小船，能保佑他们平安无事……船在海里，而此时的陆地上，常常有佩彻涅格人暗暗地在后面追赶着商人的船队。他们也一边追赶一边祈祷，希望一场风暴猛扑过去，马上把俄罗斯人的小舟冲上岸来……

曾经很久以前，有一段时间，俄罗斯人不知道海的存在，他们甚至也不知道其他河流。在俄罗斯的语言里，"顿""多瑙""第聂伯""德维纳""顿涅茨"这几个词语非常相似。那时的人们只是简单地把自己附近的河称为"河"，他们并不了解世界之大，还有很多河流，更不知道还有比河流更大的海洋了。

《伊戈尔兵团战士歌》中，雅罗斯拉夫在普提夫耳的城墙上，边喊边哭泣着，大家虽然战斗于多瑙河上，不过依然能听见雅罗斯拉夫的声音……不过此时的普提夫耳，却在距离多瑙河几百俄里远的谢伊姆河上。显然，这是用战歌来歌颂赞美多瑙河的，因为在这之前"多瑙"就是"河"的意思。还有一原因就是，他们的祖先萨尔马特人是从顿河迁移到了高加索的。

以前因为人类视野狭窄，他们只了解自己土地上的河流，并不知道其他地方的河流。然而，正是这些河流引导了人们走路，也引导了人们去探究。河流载着小舟，将人们带到很远的地方，于是人们才知道其他的地方和其他的人。他们顺流而下又知道了大海，他们逆流而上又找到了水源，而且还发现了其他的河水源头。颠簸不定的小舟似乎成了人类的摇篮，第聂伯河好像一棵巨型的槲树，它将枝杈伸向四面八方。编年史中曾经有人记载，人们从第聂伯河就可以到达世界上的所有国家和所有民族之地。

关于周游世界的路线大概如下：假如人们从第聂伯河逆流而上，就可以到达"奥科夫斯基"茂密的森林。在这里还可以了解到，伏尔加河、德维纳河和第聂伯河的发源地也都在此。而且罗瓦特河通向伊尔门湖，从伊尔门湖沿着沃尔霍夫能到达拉多加湖，从达拉多加湖又可以通往涅瓦；再沿着涅瓦河就可以去往瓦里亚海，那里也就是人们所说的波罗的海；再从波罗的海还能到达罗马；从罗马经过其他海域还能到达君士坦丁堡；从君士坦丁堡经过"俄

安泰"巨人"

罗斯"的黑海与第聂伯河,人们又可以回到基辅。编年史中就是这样描述人们周游世界、周游俄罗斯,从而了解世界那么多路线。

俄罗斯人经过这些航道已经知道,世界的面积很大,已经不再局限在他们的视野之内。他们想象中的世界,已经不是一条河流,而是有着很多河、湖、海组成了四通八达的水道,那蜿蜒曲折的水路简直就如蓝色的项链精彩迷人。

瓦里瓦的龙头船以及俄罗斯的独木舟,时常沿着这些水路循环往返。从瓦里瓦航行到希腊,然后再返回。船上载着商人和货物以及征收贡税的大公们,商人们也带着蜂蜜和皮货以便换取海外货物。

小船沿着黑海蜿蜒曲折地前行,几天几夜他们才到达目的地。现在他们终于可以看到了圣索菲亚教堂的屋顶,以及君士坦丁堡的城墙。盼望已久的君士坦丁堡已近在眼前了,人们禁不住激动的心情,不过按照规定,他们还

▲ 小船沿着黑海蜿蜒曲折地前行

不能随便进城。管理者们先给他们登记，看他们是否携带武器，当一切正常才允许他们进去，而且分批进入，每次只可以进入50人。

俄罗斯人虽然脾气暴躁，不过此次却很有耐性，他们并不计较这些。因为倘若有人进入他们的诺夫哥罗德，他们也是类此举措，客人就是客人，不能随便发牢骚。在这里客人们可以享受肉、面包和葡萄酒，以及在希腊的浴室中洗澡、做蒸气浴等权利。当客人返回的时候，这里会给他们分发船具和绳索、帆、锚等物品，管理者们对他们的确挺友好。

商人告别了主人，带上贵重的货物开始返程。货物中有很多俄罗斯少有的珍品，比如水果、葡萄酒、锦缎和黄金。到家后商人们无不对旅途中发生的一切津津乐道，富丽堂皇的君士坦丁堡建筑、皇宫里奇妙的事物、祭司们的金线外衣，以及那些人的举动。尤其对君士坦丁堡皇宫宝座两旁的、能摇头摆尾而且还张牙舞爪的金狮子更是念念难忘。

俄罗斯文化教育的开端

有关君士坦丁堡的庙宇和宫殿的话题，现在已传遍了俄罗斯。不过基辅也有值得人羡慕的东西，基辅大公们的府邸，墙壁上皆是能工巧匠们的画图，还有那大理石雕刻而成的门框，以及路子外贴的彩砖……就那些彩砖的制作来说，又需要怎样的学识和技巧啊！人们配制釉料，然后用铅或铜将砖着成银色或绿色。还需要高温的黏土做的砖坯，直到高温能达到一定熔点方可停止，然后还需小心上釉。烧制的炉子也很特别，而且制造坩埚得用耐高温的黏土，鼓风的皮囊也得用非常耐火的管子才行。

千年以后，人们在基辅的地下挖掘出许多作坊制品。后人仔细观察研究这些东西，禁不住惊奇地讨论，原来俄罗斯在那个时代，就已经拥有掌握金属和釉料的能工巧匠了呀！尽管那时俄罗斯人还没有识字的，可大自然赋予了他们丰富的知识。

　　实际上，早在1000年前基辅就有了书本，斯拉夫人也学会了认字。在奥列格时代俄罗斯人已经懂得死前给孩子留遗书，而且伊戈尔的使节曾经携带国书拜见拜占庭。俄罗斯也从保加利亚、捷克、摩拉维亚等等地方学会了读书写字。

　　俄罗斯人以前使用的是什么样的文字呢？传说中，古代斯拉夫人用石板或者木板刻上线条和文字，后来羊皮纸出现了，就实行用希腊文字拼写俄罗斯文字了。可是希腊字母不够用，没法表达俄罗斯语言中的发音，为此，大公们的文书以及一些商人们，有时应用起来很尴尬。最后几经研究，俄罗斯的语言必须用俄罗斯字母代替。

　　公元9世纪，希腊萨洛尼卡城有一个精通俄语的僧侣基立尔。他曾经在黑海边那座刻松城里待了一段时间，在那里他发现了俄罗斯文字的诗篇和福音。由于他的经历我们才了解这些情况，如今依然没人了解那种文字的形状，后来基立尔设想了用一组字母代替俄罗斯的文字。

　　他曾被斯拉夫人委托翻译教会书籍，其实，摩拉维亚人早就求过希腊人帮助这件事。基立尔认为使用希腊文字方便些，于是在他的努力下就创造出一组全新的字母。这期间俄罗斯还大部分采用希腊文字，有时也使用犹太文字，还有一些自创文字。自从"基立尔字母"之后就开始了全组的俄罗斯字母，这种文字和那些教会书籍、新宗教一同传到了基辅。

　　开始新旧宗教并存，奥列格时代建造了基辅的第一所教堂——圣尼古拉教堂。旧信仰的基督徒，就在教堂里对他们崇拜的神做祈祷。商人祈求沃罗斯神帮他们多挣些钱，保佑他们在买卖中平安无事。在俄罗斯人心目中，沃罗斯神不仅仅能保佑牲畜家禽，还负责商人收入的金钱，因为那时市场上还没开始流通金属铸币，家畜也就自然充当了货币。于是，沃罗斯的神像就被人们立在显耀的山麓或者市场上。还有人们雕刻的金须银头木制彼龙神像，也立在高高的山顶或者大公们的府邸庭院。

如今人们早已经把那些坑人的玩意扔进河里去了，在新旧宗教的较量之中，新宗教获胜。俄罗斯大公弗拉基米尔·斯维雅托斯拉夫与具有王家血统的，生于君士坦丁堡王宫中的安娜公主结婚，并就此接受了新教的洗礼。

▲ 弗拉基米尔大公接受洗礼

如今帮助俄罗斯的大公们巩固权势需要新教，依靠它可以归顺百姓，统一部落。他们用新教的语言引导那些住在诺夫哥罗德、加里支和普斯科夫土地上的人们，迁移到基辅去。现在很多人居住在一个区域，使人们有一种大家族的感觉，从而有一种团结共处的愿望。他们既不是多神教，也不是像佩彻涅格人那样偷鸡摸狗的强盗，他们都是受过洗礼的基督教徒，所以大家自觉性很高。正因如此，人们一直将罗斯称作是"奉正教的罗斯"，将俄罗斯农夫称作"基督教徒"。

新宗教这条路，把生活在狭小圈子里的俄罗斯人们引领到一个宽阔的民族世界，从此将还有更广阔的生活空间。如今的俄罗斯，不需要再向拜占庭以及和他类似的神宣誓和祈祷了。因为，他们有了自己的统一宗教，这种文化使他们彼此交流更方便自由了。

又过了些年，基督教已经遍及整个欧洲，基辅大公们的女儿也开始了与外国的王子和国主们联姻。未来的法兰西女王是弗拉基米尔大公的孙女，弗拉基米尔大公的另一孙女伊丽莎白，也将成为挪威国主加拉尔德夫人……

如今基辅又开始建造了第一座石头教堂，能工巧匠们正加紧工作着。那些建筑材料来自欧洲的很多国家，在建筑师的指导下，渐渐地一个崭新的教堂圆脖子慢慢地挺起来了。人们给那个匀称的脖子又安上了脑袋，教堂通

▲ 基辅的教堂

体都是石头的，工匠们在那上面忙碌着。人们看了非常惊奇，天哪！万一工匠们所在的架子塌下来怎么办？下面的人非常眼晕。教堂的丁卯，极像一个人的大圆脑门儿，建筑师称之为"额"。圆屋顶的另一侧又有一座屋顶也随之渐渐修起来了。

教堂的地面是五颜六色的大理石板铺成的，穹隆上和墙上用了各种各样的石子镶嵌很多的画像。这是一座没有木头，全部由石头砌成的教堂，人们看来无不惊讶，禁不住对那些高超技术的建筑师们赞叹不绝。现在基辅有了石头教堂，已经和繁华的君士坦丁堡没有什么区别了。

基辅的结沙秦那亚教堂，和君士坦丁堡的圣索菲亚教堂完全不相像。希腊人看了惊奇地细瞧，发现索菲亚教堂上面是一个巨大的圆形屋顶。而结沙秦那亚的教堂，则是以24个较小的圆形屋顶环绕着一个大圆屋顶组成，圆形屋顶好似金字塔一般高耸云端。

那么这个教堂怎么形成的呢？是谁研究出来的呢？希腊人去一趟诺夫哥罗德就知道了。自古以来这里的建筑师就很出名，人们都称这里的人是"木匠"，因为，他们在自己故乡也建造教堂，不过他们不用砖头，他们只是依照俄罗斯传统的建筑方法，全用榆树的树干建造。这些人很能干而且经验丰富，他们建造农舍或大宅时一般不用其他工具，只靠一把斧头就行。斧子在他们的手里简直就是万能工具，他们把那些榆树劈成匀称的木板，而且还削了很多楔子，又凿了很多圆孔，把楔子穿进圆孔里，使它们组合在一起。他们还做了屋子的框架以及屋子的屋顶，框架和屋顶也是用榆树的树干做成的，这样一步一步就建造成功了。

俄罗斯的房子不仅坚固而且能抵御严寒和霜冻，即使大水和暴雨以及狂风都没问题。房顶是斜坡形的，这样即便下大雪，暴雪也不易压坏房顶。因为顺着斜坡的屋顶，那些重压力的积雪就可以自由下落。栋梁连接的人字架，十分坚固，即便风暴也无法卷走结实的屋顶。为了防止大水冲击，房子不在地面修建，而是修建在地下室上。所谓的房顶也就是"天堂"，为了与顶层链接，人们在台阶上还开一个小门洞。为防止寒气侵入，墙壁非常厚，窗子也极小，而且还做了一个门廊。

为了与残酷的自然作斗争，木匠建造房屋方方面面都得紧凑，他们的斧子既是工具又是武器。如今木匠们又面临着一个新的课题，不是让他们建造房屋而是要求他们建造传说中的教堂。曾经听希腊人说教堂是圆屋顶的，而且有祭坛，不过，凭着他们的智慧最终还是研究解决了这个新课题。

像习惯建造的尖顶大公府邸那样，他们建造一座拥有30个尖顶的教堂。他们在建筑中也不断借助希腊的一些有关经验，不过现在希腊的门窗被俄罗斯的门廊所替代，希腊的圆屋顶改变成了俄罗斯式的屋顶，况且，木匠们还把教堂安置在地下室的上面。随后，俄罗斯很多城市的石头教堂和木制教堂，都接二连三地拔地而起。而且，这些教堂不仅有俄罗斯的独特风格，还兼有拜占庭的独特风格。

俄罗斯教堂固然出名，拜占庭教堂也别具风格。拜占庭的教堂是由罗马的"万神庙"以及希腊的审判厅沿袭下来的。他们在希腊审判厅的建筑基础上，将房顶变成类似罗马潘提翁神庙的圆形屋顶，曾经希腊法官坐着的那个半圆形台子，如今被改变成了祭坛。而在俄罗斯，将俄罗斯大公的府邸、罗马的潘提翁神庙、希腊的审判厅，相互结合成为一体，一变而为现在很多尖顶的俄罗斯式教堂。

基辅的结沙秦那亚教堂建好了，举国上下一片欣喜。俄罗斯的大公，召集城市里的耆老、市长、波雅尔以及众多市民都在教堂里做礼拜。这可是俄罗斯自古以来重大的喜庆日子，这次礼拜，光是蜂蜜就用去了300普罗瓦尔。教堂门洞大开，里面传开长长的、凄凉哀婉的教堂歌声。

盛夏的季节，热风伴着青草的气味远远传来，尽管是白天，教堂里却漆黑一片。圣像前悬挂着的一盏盏长明灯，如同星河一般，蜡烛忽明忽暗在昏暗中闪烁。圣徒们、天使以及俄罗斯的首领们聚集一堂。那些五颜六色石子镶嵌成的衣服，在摇曳不定的烛光下忽明忽暗，给人一种朦胧的神秘感。圣像的眼睛偶尔闪过一道亮光，之后又隐藏在毫无血丝的面孔之下，似乎又让人有种神圣的恐惧感。

一墙之隔，真实而鲜活的世界却距离这里那么遥远。厚厚的砖墙里面，狭窄而深深的窗洞之下，教堂的空气与外界截然不同。长明灯的油烟味，使人头晕欲睡的烟草味以及洋溢于空间的蜡烛气味，融合在一起。这里没有青草和绿叶，也没有街道上飞扬的尘土味儿，只有坟墓中的气息，那种从石头墙里透出来令人毛骨悚然的感受，一切皆远离人间。合唱队赞美的是另一个世界，进入这里，人们似乎已经脱离人间，那种飘飘忽忽地进入天堂的感觉却油然而生了。

很多人不久前还是多神教徒，如今也加入了这支行列。圣书似乎把人带进了另一个世界的大门，大自然就是一把锁啊。打开圣书，人们无疑进入了一个陌生而全新的世界，这可是远道而来的圣书，甚至历经很多世纪，很多国家，也历经很多智慧人的手传送。那里不仅记载了世界优秀旅行家们的所见所闻，而且还记载着有关很多国家的风土人情以及大事情。还详细讲述了有关殉教者们的感人事迹，通过这些书本，人们了解了很多很多的知识。

当时的书很珍贵，那时识文断字的人比书籍还少，只有在大公的府邸和教堂里，人们才能看到圣书。俄罗斯的大公们已经意识到知识的作用，开始重视书本也重视读书了。那时流传着一首民间叙事歌谣，是有关弗拉基米尔大公曾教导他的那些波雅尔们写的，大意是这样的：

拜托你们，帮我找一个好新娘，
美丽的脸庞，智慧的头脑。
她能写俄罗斯文，
还要会唱教堂的诗歌，
一个堪称国母的女人，
要将她好好尊敬。

编年史中记载，弗拉基米尔下令手下人号召修建教堂。要求他们在原来竖立多神教的地方改修基督教堂，随后其他的城市也建起了教堂。又专派僧侣人员到处传教，也就在这种情形之下，各地人屡次接受了基督教的洗礼。

▲ 圣经

俄罗斯人需要知识人才，弗拉基米尔就下令让所有贵族家的孩子都去读书。而那些孩子的母亲不理解，她们看着自己的孩子出去读书很不放心，也不忍心，所以，往往在送行中总是嚎丧一般难舍难分。过去曾经有罗斯人学识字，现在基辅有了俄罗斯的第一所学校，在那里，孩子们已经可以接受各式各样的新式文化教育了。

在俄罗斯的历史书卷里，那些质朴而富有诗意的古老编年史，它向人们展示了俄罗斯悠久的历史业绩。无论是作者的经历还是民间故事或者笔记等等，都被作者写进了书本。以求基辅国家的发展与巩固，对于那些大公们的丰功伟绩，作者是从来不会吝啬赞美之词的。

"金门"旁的图书馆

人们在书里了解世界，既神速又清晰。往往书里记载的世界，几行即一年，几页即一个世纪，不过读的人却要慢慢地品味、想象方能更深地理解和体会。

现在弗拉基米尔大公早已不在人世，他的大儿子雅罗斯拉夫做了基辅的大公。公元1038年，雅罗斯拉夫大公在俄罗斯建立起一座拥有"金门"的伟大城市。而且还建起了举世闻名的圣索菲亚教堂……雅罗斯拉夫大公非常勤奋，为了攻破一个个新的课题，他总是夜以继日地学习。他曾召集很多文书，让他们将希腊文翻译成斯拉夫文，以便更多的人学习，而且还要求把那些翻译出来的文章复制出很多份。每当有人完成一部撰写著作后，雅罗斯拉夫就让他们把书储存在教堂里。而且还派人不断地粉饰教堂……就这样，在俄罗斯的历史上第一所图书馆，在基辅的"金门"附近，在圣索菲亚教堂的里面诞生了。

▲ 圣索菲亚大教堂

俄罗斯人遨游书海,在那里他们又发现了很多未知的大海和国土。圣徒亚历克赛现在可以通过水路摸索去"许立亚"了,在叙利亚他们遇见了一些骑驴的"神人",跟随他们还可以去往以得撒城。然后通过水路从以得撒城又可以奔向"卡塔利亚",也就是后来的卡塔罗尼亚。所以,他们认为"在神的旨意下,船舶可以自由航行,他们顺风而下便能到达罗马……"

▲ 带有雅罗斯拉夫形象的货币

俄罗斯人在另一本书中又知道了圣地的山岳,他们也知道了约旦的河畔还住着"豹",也就是金钱豹。而且他们还知道了,这些金钱豹习惯生活于芦苇丛中。他们在约旦河的水路上,时常遇见阿拉伯人的驼队,陆地上还有一些年老的赶驴子的僧侣,那些人正向着水路而来。

在书中遨游,俄罗斯人不仅仅发现了更广阔的世界,而且在书海中还可以回归过去,历经未曾见过的世界。通过亚历山大的故事,他们了解希腊人教育孩子的那些知识,什么哲学、修辞学、几何、天文学、音乐等等。

在书中俄罗斯人还知道了奥米尔曾经歌颂特洛伊人的故事,也知道了有关希腊哲学家亚里士多德的一些事情,以及"奥林匹斯的宙斯庙"与"特尔斐的预言者"。书中还介绍了一些埃及的事情,以及亚历山大里亚和孟斐斯的故事。他们还知道了世界上的许多名称,比如波斯和巴比伦,还有印度的"婆罗门"等等。

　　读者们阅读着书本,不知不觉,竟然投入了亚历山大那些离奇古怪的故事之中。他们甚至伴随着亚历山大四处奔波,遨游世界。在书中,他们伴随着主人公时而到了奇异的环境,时而又遇见古怪的事情。他们似乎看到了,那清澈的河水环绕着大片的土地,土地上生长着茂密的森林,树上还结了很多的果实。香甜的枣子和酸甜的葡萄,实在令人向往不已。在书中他们还看到了,一些地方生活着的土著居民,这些人长着狗脑袋,他们的眼睛鼻子都长在胸脯上,叫起来像犬吠。在书中他们还领略了那些可以自然发光的极乐世界等等。

　　描写飞禽走兽的《生理学》更是怪诞离谱,读了那本书简直令人瞠目结舌。书中描写的动物,虚虚实实,惟妙惟肖,比如"骆驼豹""野猪象"等等都描写得非常形象。有一张图中画的是一只半牛半象的动物,书中还介绍了一些能吞象的"困齿兽",那些描写更让人感觉玄乎得无边无沿。

　　伴着那些离奇古怪的读物,俄罗斯人对希腊的传说和哲学也算是一知半解,比如《蜜蜂集》,里面的伊壁鸠鲁、亚里士多德、第欧根尼、苏格拉底和毕达哥拉斯等等。在《六日集》中,读者们了解到恩培多克勒的四元素学说。那位古希腊哲学家曾经在书中讲道:世上的万事万物都是由气、火、水、土四种元素产生,况且四元素早就存在于世。后来亚里士多德在其基础上又补充了五元素——以太,也就是天空。

　　俄罗斯人由书本知识不仅了解到地球的形状,也了解到昼夜的变化,比如他们知道地球的一半是白天,那么另一半就是黑夜。当黑夜的一半进入了白天时,那么另一半就进入黑夜了。书籍里还解释了日食和月食的原因,说"月球运动到太阳和地球之间,月球成了地球和太阳的'障碍物',那么也就产生了日食。而月食是因为运动的地球'遮拦'才产生的那种现象"。

　　读者还在希腊僧侣乔治·阿马尔托耳的著作中,了解到关于德谟克利特的原子解释。书中形象地解释了原子是"无法分割的物体"。

　　读了这些书，一些俄罗斯人开始思考了，这个世界究竟有多大呢？通过读书他们还想追究一些有关人类的其他事情。智慧的哲人家们认为，所有事情皆是必然而不是神的主宰。战争与和平，贫富不均，生老病死等等，都是一种必然。倘若这样的话，那么天体运动也该是如此了吧。

　　通过读书，俄罗斯人也明白了自己在世界上的地理位置。他们在科斯马·印第科普留斯特斯的书中，还知道了一些西方的国家以及被称为"丝国"的中国。在书中，他们又了解了这些国家的自然状况和各地的风土人情。书中翻译还补充道，"西方世界还有一个名叫俄罗斯的国家"。

　　伴着各地的书本，智慧的洪流从四面八方涌向了俄罗斯，比如巴比伦和圣经的传说，希腊的著作以及亚历山大里亚的那些故事等等。年轻的文化如雨后春笋一般尽情地滋生着，甚至在人们的应用和实践中，其他国家的文化也变成了俄罗斯的文化。"金门"旁边的图书馆，越来越吸引了四面八方的读书人士，那里的书籍渐渐地多了起来。在此，异国与自己国家的知识融汇了一起，而且那些古代的传说和谚语，也不断增添新的内容。

　　依拉里雍的布道和最早的编年史，弗拉基米尔·米诺马赫的家训，以及格里伯与波利斯的传说，各类书籍应有尽有。在此基础上，经过一些人的努力加工，又产生了俄罗斯的新文学。而且还产生了俄罗斯的书面语言，"学者、善士和斋戒者"等等，依拉里雍还写了《教条和神恩讲话》一书。他在书中尽情地赞美"老伊戈尔的孙子，也是著名的斯维亚托夫斯基的儿子，他是我们国家伟大的导师，也就是弗拉基米尔大公"。"他们曾经统治的不是一个恶劣而无名的国家，而是一个举世闻名的俄罗斯"。

　　依拉里雍非常热爱自己的国家，每当提及俄罗斯时，总是禁不住慷慨激词。书中他向早已不在人世的弗拉基米尔大公赞叹——高贵的伟人，请你慢慢地醒来吧！醒来再看看这个伟大的世界！你只是沉浸在短暂的睡眠之际，坟墓只是你暂时的休息之地。希望你走出来，看一看子孙后代的光辉业绩，回顾一下你自己曾经的荣誉。看看我们的教堂，那供奉的圣像，长明灯的油味儿芳香四溢，优美的赞歌荡漾于辉煌的城市……

　　时光渐渐地流逝，在俄罗斯愿意读书并以此为乐趣的人也越来越多了。图罗夫斯基主教基立尔写道："糖和蜜汁固然甜美，但也无法比得上书籍和智慧的乳汁。"教堂的储藏室里堆满了书籍，单身僧侣的卧室存放的也是圣像和书籍。大公和波雅尔们的府邸都有"自由礼拜堂"，而且修道院都有图书馆，那里的僧侣们一天到晚不停地忙着抄写和装订。

　　涅克托尔——别切尔斯基修道院的那些黑衣僧，都正忙着书写"当代记事"。罗斯托夫人慢慢地合上书本，情不自禁地眺望远方，似乎整个国家以及整个世界都呈现于他的眼前。他看到了从基辅到瓦里亚海，再到罗马，然后到君士坦丁堡，最后返回基普的全部路程。他也想到了勇敢而朴实的斯拉夫民族，这是一个统一语言、统一文字的大民族。他又回顾了基辅的那些大公们，为了民族大业，他们是怎样南征北战，历尽千辛万苦，才将俄罗斯从动荡不安中解救出来……

　　历史正处于俄罗斯文化的开端，也算是一条滔滔不绝的大河源头。在世纪的变迁中，这条大河将更加波澜壮阔，因为，这条河流淌的是许多国家许多人的智慧结晶，它汇集了全世界的文化色彩。正如编年史中记载的那样"人们于书中吸取智慧，智慧的河流无穷无尽，将流向永远"。

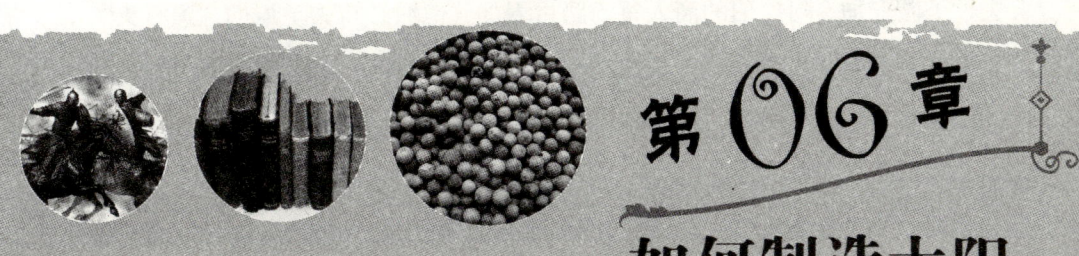

第06章
如何制造太阳

当然,知识传播的过程中并非一帆风顺,有些障碍是来自自然的,有些是来自人为的。不过无论哪朝哪代,哪个国度,只要知识有了维护者,它就如洪水般川流不息,绕过许许多多的障碍,乘胜前往。于是,世界智慧的大门又将慢慢地开启。

东方那些财富

人们不仅了解了地球有昼夜之分，也有早晚之分。地球的一面告别了昨日，那么另一面则正值太阳初现。人类的文化也如此，当拜占庭和意大利的古代文化走向昏暗的时候，而基辅和阿拉伯以及更远的东方国家文化则初露霞光……

很久以前已经有商队去过了阿拉伯，商人的驼队从中国运来了丝织物，从印度运来香料和宝石以及其他物品。努比亚的象牙也被运到了阿拉伯，商人去过圣城麦加，阿拉伯的商人每当路过麦加，他们必需去圣城的"黑石头"那里做礼拜。传说"黑石头"就是天上的神物，也是阿拉伯的圣物。因为茫茫的沙漠之中，人们是靠石头和星月引路，并将之作为神明，所以商人来到此地必需拜祭"黑石头"。

当时，由于阿拉伯的"圣城"闻名于世，吸引了各国的商客。于是，四面八方的朝圣者，更多的是商人，也就逐渐地拥进了麦加城。这些人，有来自沙漠绿洲的农夫，也有草原游牧区的贝都英人。牧民赶着羊群，在城墙外搭起了白色的帐篷，农夫一向视沙漠人为仇敌，商人也看不起牧民，他们谁都不愿意互相碰面。不过，在圣城麦加人们几乎并不介意，他们在这里大可不必有任何危险感。

"圣城"麦加似乎一个偌大的舞台，这里人像在舞台上演戏一样，他们分别扮演着不同的角色。如同过节一般，总是热闹非凡，自然这里也就形成了集市。麦加是个商城，这里既没有手工制作也没有人种地，这里只有买货的或者卖货的。倘若手里没有钱了，也可以向有钱的人借一借，差不多借上一二百的拜占特吧，拜战特即当时拜占庭的金币。

麦加市场，人声鼎沸，熙熙攘攘。远远的驼队叮叮当当，人群若隐若现，

▲ 朝拜

  小贩喊，驴子叫。狭窄的胡同里，穿戴五颜六色的人们，还有戴头巾和面罩的商客，络绎不绝地涌动着。远远地望去，人群形成了色彩斑斓的洪流，在两道堤岸间奔淌不休。

  这里的白色房子，乍看都很不起眼，甚至没有窗子。不过，简陋的小门后面，黑暗的过道尽头，却别有一番天地。客人们在此止步停留，院子的周围是整排的柱子，正是这些整齐而匀称的圆柱子，将这座偌大而笨重的拱廊支撑着。院子的中央有嗞嗞不止清泉四溢的喷水池，清凉的"雨丝"洒到大理石地板上，让燥热的人们顿觉特别舒服。

  人们禁不住地四外巡视，那昏暗的屋子摆着很多香炉，青烟袅袅令人陶醉。这里算是炽热城市的一片绿洲，由院子里匀称的圆柱、硬邦邦的棕榈树、清泉四溢的喷水池……组建了热带沙漠特有的城市绿洲。

  圣城麦加的商人无不过着阔绰的生活，出手最大方的是那些倒卖金币的人们。那时金币是世界上最贵重的物品，不过有的商人也很忧郁，为什么呢？因为开始这里主客很难沟通，商人又都不愿意减低债息或者延期付款。

随着各地流客的增多，商人大都变得越来越滑越来越精。逐渐地麦加商城也进入了不景气的时代，那时黄金都集中在罗马皇帝，也就是拜占庭的皇帝们手中。而相邻的波斯人，则霸道地控制着去往东方的必经之路，这样越来越少有人在地中海经过了。于是麦加的生意不好做了，与此同时，阿拉伯被人冷落了一旁。自从蛮人占据了意大利的北方，来来往往的过客就选择了新路，一条通往波斯和拜占庭的运货新路。

阿拉伯圣城的末日即将到来。曾经无数的例子已经表明，即便最繁华的城市，如果没有商队经过，那些城市将面临荒废。那里的景象将如同失水的田地变得凄凉不堪，那些精美的华丽的雕刻，大理石板即将被沙漠掩埋，废墟里守护者曾经的辉煌，只能记载着以往的旧事。

麦加的末日快来了，到哪里再找生路呢？富有的商人日子不算难过，因为他们早有准备。他们除了将一部分钱财囤积起来，而大部分钱财都借给了那些破产的同族生利息。可那些农夫、市集上的普通商人和游牧民贝都英人都负债累累，痛苦不堪。高利贷像绳索一般，使那些负债的人发自内心地痛恨，他们深深地痛恨债主，于是，激起了阿拉伯的矛盾四溅。

市集上贫穷的脚夫和小贩以及乞丐，无不抱怨，他们痛恨世道不公平，当然也抱怨神灵不睁眼。"黑石头"的围墙里面，拥挤的人们更是虔诚而使劲地祈祷，然而沉默的石头则无动于衷。商队的货棚里，一些外商给人们津津有味地讲述一些离奇的故事。于是，随着货队的到来，外来的宗教也被传到此地。犹太人对弥赛亚的事情津津乐道，基督教徒把救世主耶稣基督的故事传得神乎其神。

先知者和占卜者在人群里寻觅徘徊。一些人有经验地将外教和本族教混在一起，给人们预言善恶的未来。他们故意恐吓富贵者，预言他们的灾星即将到来。有位传道者穆罕默德，他传的是伊斯兰教，因为违背了麦加富商和权贵们的祖先宗教信仰，遭其反对。

公元622年，穆罕默德遭到麦加富商和贵族的极力反对，被迫逃亡麦地那。于是，历史上就把这年作为伊斯兰教的开端，也就是伊斯兰教的元年。为振兴伊斯兰教，穆罕默德所到之处，大肆宣传，在传道中，他勇敢地和麦加的富商以及当时的权贵们千方百计地周旋。在穆罕默德的努力下，伊斯兰教徒逐渐增多，支持者也越来越多，最后，反对派终于被打败。麦加人接纳了伊斯兰教，那些曾经反对他的人们，现在也不得不打着伊斯兰教的旗号，去讨伐商队的必经之国。

伊斯兰教与基督教一样，不仅接纳穷人也容纳了富人。它对所有人的大门都是敞开的，兼收并蓄。新宗教认为安拉是唯一的神，可它并不否认阿拉伯的"黑石头"。伊斯兰教还宣称"穆罕默德是安拉的直接继承者"，但也宣称基督和先知是继承者。它许诺穷人死后进入天堂享福，可又赐予地上的全部财富给那些富人们。

伊斯兰教号召人们征服世界，打响圣战。于是，历史上又一次征服从阿拉伯开始了，不过这次征服是由东方开始的。阿拉伯人很了解当时世界上的五大

▲ 伊斯兰教传教活动

帝国：西方是拜占庭的地盘，称为"战士之王"。拜占庭的旁边是富有的波斯国，称为"珍宝之王"或"万王之王"。北面还有"骏马之王"，那里的突厥可汗带着大队骑士经常出没在草原之上。东面人称"治国有道的王""万人之王"统治着面积广大而又富有的中国。而"智慧之王"在南面的印度，那就是"万象之王"。

五大帝国就是阿拉伯人眼中的世界，也是他们进行征服的目标。在穆罕默德的号召下，阿拉伯人联合起来，这些哈里发们齐心协力，带着大军征战南北东西。公元7~8世纪初，阿拉伯人征服的面积逐渐扩大，那时他们不再局限于阿拉伯土地，部队背井离乡已经征服了一个又一个的国家。他们与拜占庭及印度作战，也与突厥的游牧民打仗，还在中亚细亚的边境上与中国军队交战。半个世纪中，他们不仅征服了波斯，还夺得了埃及，而且在西班牙建立和巩固了自己的政权。在他们所征服的土地上，阿拉伯人都建立了堡垒和兵营。后来那些地方都发展成了城市，阿拉伯人在征战的时候，后面也总是跟随着他们的商人。

在亚历山大里亚与地中海的岛屿上，阿拉伯人巩固了自己的权力。当时，阿拉伯的出征不仅令拜占庭的船队们恐慌，也使拜占庭的国家动荡不安。伊斯兰教征战几乎是屡战屡胜，他们的商队自然也占优势。正是因为当时他们在各地扩大了自己的权势，如今在世界各地的商队都拥有了阿拉伯人。从格鲁吉亚和亚美尼亚他们赶来了马和羊，从那里还运来了毛织物和丝织物以及皮货和地毯。他们采集海上的石油，还制造了大炮和投掷弹。

他们顺着伏尔加河进入了保加尔人和哈查尔人的国家。他们到过第聂伯河上的"库雅巴"，也就是基辅。他们还从"斯拉夫亚"诺夫哥罗德的国土上，运来"罗丝绸"的亚麻与皮货。可以说在欧洲的波罗的海沿岸，以及更远一些的哥特兰岛上，都曾留有他们商人的足迹，他们还去过非洲的苏丹和亚洲的中国和锡兰。

伊斯兰教的胃口越来越大，阿拉伯人心目中的世界也就越来越广。旧地图曾经把那些阿拉伯旅行家的所到之处，都做了标记。"撒哈拉"就是"旷野"的意思，"苏丹"是"黑"的意思，就连"爪哇"，也是一个阿拉伯词。

那时被他们征服的地方很多，曾有一个地方叫"斯拉夫亚"，即诺夫哥罗德国。这里的人是浅色头发，平时好穿戴皮衣皮帽。大公的府邸都有尖屋顶，城市里的栅栏都是木制的，而且这里的森林冬季都被埋藏在积雪中。另有一个地方的土人，其实也就是非洲人，他们是黑色的皮肤还纹着身子。他们的小屋是棕榈叶搭成的，河水里有避热的河马躺在水里，而且这里有大面积的沼泽和森林。

由于他们征服的范围很大，阿拉伯人会使用世界上的所有工具。在印度他们能骑着大象过丛林，在海洋他们能乘着翘尾的小船航行，他们还能骑在骆驼上穿越沙漠，他们在雪地上也会用雪橇。随着人类的发展，物资条件也不断地改善。阿拉伯人用来装有糖、胡椒、调味料的丝织口袋，还有那些刻有穆罕默德语录的钢刀，在当时的世界上流行起来。阿拉伯人的银币就是"第尔格姆"，那时已经成为世界主要的流通货币。在当时很多民族和国家的语言中，也已经掺进了阿拉伯的词汇。况且，那些词汇也伴着生姜、胡椒、调味料由阿拉伯人传到了欧洲。

物以稀为贵吧，胡椒产在东方，当时一般需要几个月的时间，商人们才能把胡椒运到西方的某些地方。也就是说日耳曼或者英吉利的那些贵族公爵们，需要很长时间才能在自己的餐桌上享用胡椒的味道。在农奴的供给伺候下，他们在自己的领地可以说是，饭来张口钱来伸手，没有他们得不到的东西。不过，对于得到美餐中能够刺激喉咙增强食欲的胡椒，却

▲ 胡椒

不是那么容易了，甚至要花费很大的力气。人们知道没有这种调料，无论人们盘中多么肥大的鸡鸭，或着猪羊牛马肉类的美餐都是淡而无味的，更何况，胡椒还是公认的保健食品。

那么人们是怎么把胡椒运过去的呢？货物首先由印度经水路被运到阿拉伯海岸，在那里又由驼队带到麦加。朝圣的商人可以说是一举两得，他们路过麦加顺便去朝圣，倒卖胡椒和其他货物赚钱皆不耽误。如此这般，现在曾经被商人冷落的麦加，逐渐转变得景气起来了，如今那里不仅人口稠密而且大都富裕起来，况且，那时这里也已经吸引了世界各地各种肤色的人们。

胡椒被运到麦加又继续前行，它被运到了欧亚两洲一水相隔的地中海一些地方，然后再由水陆被运到君士坦丁堡。经过君士坦丁堡，经过博斯普鲁斯海峡，那些远道而来的胡椒才能被送到一些新主人的手中。新主人究竟是谁呢？当然是皇帝了，皇帝正是接货的主人，因为他拥有世界最大的金库，他住的是全世界最华丽的宫殿。在拜占庭的庙宇，无论圣像还是其他金属器皿无不金光闪闪。因为，皇帝至高无上，而且拥有世界最多的财富，只有皇帝才能拥有世界最珍贵的东西。在皇帝的仓库，东方调味料、橄榄油、葡萄酒、丝绸和谷物等等，可以说是应有尽有，不过胡椒的应用价值最高。

商队们带着货物还可以从这里继续出发。再历经水陆，跨越山岗和平原，他们又能够到达圣但尼和马赛。而且还能到达法兰德斯和莱茵河一带，甚至可以去往更遥远的一些地方。

哈里发宫殿与书铺

那时世界上已经有很多东西享有盛名，众所周知，巴格达是世界著名的城市之一，《一千零一夜》这部书也广为人知，有关哈里发宫殿的事也算是家喻户晓了吧。不过很多故事皆是虚无缥缈,让人难以置信。比较真实的当然是哈里发宫殿了,宫殿的圆柱上面雕刻的图案活灵活现,拱门设计得也非常精巧。可也有一些玄乎的说法,有人传说,建造宫殿的艺术家们能凭借智慧之手,改变石头材料的重量。有描述中的瓷碗,用来接喷水池的水,却让人们无法分辨水的静动状况。由于伊斯兰教的禁止,宫殿里不可以摆设雕像和图画。不过宫殿白色的屋顶及墙壁都如同地毯一般平整光滑,奇妙的图案正像《古兰经》里述说的一模一样。阿拉伯风格的图案,简直与阿拉伯文字一样精巧,似乎那些图案是阿拉伯尚未解出的语言文字。

《古兰经》中的箴言是什么意思?那主要是赞美穆罕默德和安拉的神话故事,也同样赞美哈里发宫殿,因为哈里发的那些宫殿,在当时的世界上,堪称是绝妙无比的住宅了吧。如果你现在想找到比这些宫殿更绝妙的建筑,那只有去巴格达街道的书店瞧一瞧了。

▲ 古兰经封面

巴格达街道的书店坐落在很不起眼的地方,而且昏暗的书铺子里面到处布满了灰尘,堆积如山的书籍,把店铺的主人几乎都隐藏在书堆里了。表面上看这个铺子没有什么值钱的东西,况且这些书都是用粗糙而又低廉的中国纸张装订成的,一点也不昂贵。尽管这些低价的纸张,满屋的灰尘,暗淡的光线,可在有些人眼里,它却比华丽的哈里发宫殿富有得多,因为每一本书里面都隐藏着人们未知的奇迹。

书店的主人也很殷勤,只要有客人进门,他总是把书籍目录表"非赫里斯特"摆在客人的面前。并主动询问"需要哪些书呢"?那么长的书单啊！什么印度、希腊、波斯等国的学术论文、著作和诗歌等等，世界珍品真是无所不及！究竟想看哪本书呢？印度的数学？还是"地理学"？那些书籍里面讲述了各国的科学、历史等知识，盲目的翻阅中，简直让人眼花缭乱啊！

　　人们细心阅读就会知道，在阿拉伯人塔巴的历史记录中，我们能了解到世界上所有的国家和民族的重大事情。关于奥古斯都皇帝和居鲁士以及亚历山大，还有那些先知摩西人等等，只要你想知道的内容，在这些书中几乎都可以找到。

　　这里还有很多历史作品，而且这些作品的准确性和真实性也很强。作者不仅在文中标注了事情发生的时间和地点，而且还标记了此事的来源。文章大都是用第一人称叙述的，事情的发生发展，来龙去脉，无不让人有身临其境的真实感受。

　　如果你能阅读到波斯人沙拉斯塔尼的巨著，你的收获会更多。书中详细地介绍了所有的学说和所有的宗教，而且作者的立场很鲜明，他既不偏爱哪种思想也不否定哪种观点。假如你想了解天文地理知识，那么请推荐你阅读阿拉伯文版的托勒密16卷《大综合论》，这本书涉及的知识面也很广泛。

　　巴格达街道上不起眼的书铺，却汇集了古今中外无数的知识结晶。要知道，智慧的财富远比那些珍珠和大理石更珍贵得多。我们在宫殿，仅仅看到的是哈里发宫殿全部的奇珍异宝。而在覆满灰尘的那第姆书铺，我们可以享受世界上的一切事物，无论天上或者地下还是古今中外，你可以尽情地遨游书海。难怪哈里发人骄傲地说："殉教者的血与学者的墨水同样值得人类尊敬。"奇珍异宝有价，知识无价啊！

　　当然，在很多地方，求知的可贵之处并非所有人都能明白。据说，哈里发欧麦尔在波斯得到过很多书籍，哈里发的军事统帅问他："你准备对这些书本怎么处理？难道和战利品一道都分发给正统的教徒吗？"欧麦尔却不以为然地回答道:"如果书中有和《古兰经》类同的知识,那么这些书的存在就没有什么价值和意义了。如果书中的知识超越了《古兰经》知识面,那么这些书就是有害的祸源。不管怎样,我们必须将这些书籍烧掉,免得留下来伤害他人。"

关于世界上流传的事情,总是说法不一,也有人认为此事不是发生在波斯,而是发生在亚历山大里亚。因为,亚历山大里亚的图书馆曾经遭到过多次焚烧,当年的凯撒队伍征服此地,就让人烧过那里,由于教长提阿非罗的特批,基督教徒也烧过那里。当阿拉伯人攻打亚历山大里亚,并占领此地的时候,阿拉伯人也将这些东西放火烧掉。

事实果真如此,不过那个荒唐的时代已经过去了。现在的阿拉伯人尊重科学,允许宗教信仰和言论自由。如今哈里发们的那些城市中,更是人才辈出,无论大街小巷,还是贵族市民,人们总是津津有味地辩论和探讨着有关自然和世界构成的一些问题。

光阴流逝,很多世纪慢慢地过去了,如今阿拉伯的哈里发国家早已分裂

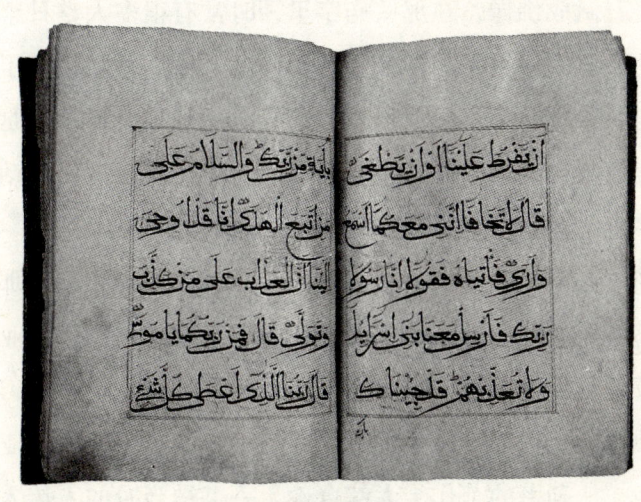

▲ 古兰经内文

成很多的国家。由于科学在人们的头脑意识中早已根深蒂固，国家的变故并未改变他们探索科学的道路。现在无论阿拉伯哪个国家的公民，无不认为自己是世界的一员，大家都有责任探究。王公们争相邀请各地作家和学者到宫廷工作，各国的观象台、学校和图书馆等场所的装饰，早已超过以前的那些富丽堂皇的宫殿。哈里发宫廷的一些学者，还受邀请到拜占庭的君士坦丁堡讲座、研究。

探究、学习已经在阿拉伯的世界形成一种传统的风气，如今有很多人聚集在中亚细亚的乌尔坚奇学习。他们不仅探究宇宙的奥妙，还研究了星宿的有关规律。现在我们看到的乌尔坚奇，只能在广袤无垠的沙漠里去找当年清真寺塔尖的那些痕迹了。回想过去，那是一座多么繁华的城市啊！它统治着附近的伊朗，也统治着中亚细亚的花剌子模沙赫的京城。为了研究那个充满神奇的地方，旅行家阿尔·比路尼去往印度特意经过这里。

比路尼只能算印度人的异邦人士，他却将印度人曾经敌视的宗教传给了那里的人们。因为他认为"世界上只能有一个神，除此之外没有其他的神存在"。可在当时的印度，神的数量和种类比人还多，比路尼也反对崇拜偶像。可印度人用岩石做成佛像，在那些庙宇里，时常有很多人整日整夜地围着一座有四只手的石婆偶像舞蹈。即便如此，印度人依然还是接受了比路尼，这就好比婆罗门对着那些科学界的朋友讲述自己的故事一样，很是滑稽。当比路尼又返回自己故乡的时候，就开始了写书，他怀着崇敬而激动的心情在书中回顾着异国的风土人情，以及印度人的宗教信仰……

西方的科学逐渐衰败下去，而东方的科学却慢慢地兴起。那时，希腊的一些文献、书籍随着一些知识，不断地在世界各地传播开了。亚里士多德同亚历山大以及穆罕默德一样，也开始征服东方，不过他不是靠刀剑征服，而是凭借自己独特的武器征服，他的武器就是手中的笔。从叙利亚和伊朗以及花剌子模等地，托勒密的著作《大综合论》一书被当时的人传入了印度。在埃及的学者伊本·阿尔·哈特海姆的论文里，他把印度的代数学与希腊的几何学有机地结合在一起,这样也便于人们更好地学习。由此,很多阿拉伯数学家,既知道印度人阿雅巴塔,也了解了希腊人的阿基米德。

由于东方文化的发展,吸引世界各地的人士,不知不觉中,在东方很多的知识又返回了它的发源地。其实,印度的数字最早来源于阿拉伯,不过后来又传到了欧洲。在这个过程中,印度的数字曾经被改名为阿拉伯数字。世界上第一个使用算盘的人,是欧洲的僧侣盖尔贝特,此人不仅学识渊博,而且很有创意。

因为世界各地都拥有阿拉伯人,再加上其他方面的通商联系,中国人把指南针与造纸术之类的一些发明技术也传到阿拉伯,又由阿拉伯传到欧洲等地。正因如此,西方人应用这些发明创造了很多历史奇迹,由于指南针的应用,意大利的船只,在茫茫的海洋上可以辨别方向了。人们在实验中,曾经用简单的麦秸和磁针做材料,研制成的指南针放进水碗里,自然也就分清楚南北东西了。由于中国的造纸术传开,意大利从叙利亚得到了可以在纸上誊写文字的纸张,也就从此告别了在羊皮纸上写字的历史。

由于世界兴起了很多发明,一些地方的经济发展有了突出的成绩。因此,各国都重视了科学,也重视了拥有科学知识的人士。慢慢地各地人的智慧不断地汇集,这些知识聚集了一股思想洪流,并不断向更远的方向涌去,最后竟然汇集成了世界上的科学汪洋大海。当然,知识传播的过程中并非一帆风顺,有些障碍是来自自然的,有些是来自人为的。不过无论哪朝哪代,哪个国度,只要知识有了维护者,它就如洪水般川流不息,绕过许许多多的障碍,乘胜前往。于是,世界智慧的大门又将慢慢地开启。

人们通过探究不难知道,早在航海家麦哲伦之前,阿拉伯王子阿布尔·菲达就已经论证,人们环绕地球要与地球自转时间相差了一日。至于超前或者落后,那要取决于方向向东还是向西。

人们也知道,塔吉克学者阿尔·比路尼,早在哥白尼之前就做出过判断,他认为,地球是绕着太阳公转,不过并不妨碍星辰的分布。后来他还编著了地球公转的路线表,而被苏丹重重奖赏,奖给他的竟然是一头满载白银的大象。不过比路尼没有收藏,他把礼物无私地捐助了国库,他认为,他拥有了世界上至高无上的知识财富,并不需要银子。

翻阅世界历史,人们知道还有一个阿拉伯的天文学家兼数学家,名叫阿尔·哈曾。他不仅利用晨昏线测量计算出海洋空气的高度,还经常研究天体。他细心观察日落,发现了每当太阳落下后,余光依然照亮大地。于是,他亲自利用沙漏测量了时间,还用天文仪器确定太阳运行的轨道。经过长时间的测量,不懈地努力,他计算出晨昏蒙影的界线是52000步。这个结论,与现代科学家的计算结果是差不多的。

那时,有人不仅确定了行星的轨道,还测量了海洋空气的高度,也有人正沉浸在微小的世界刻苦钻研。当然这些人都很了不起,他们不仅仅读过亚历山大里亚学者们的书籍,而且对亚里士多德也很熟悉。那时,他们已经知道世界上万事万物都是变化的,而且也承认了事物是由一种变成另一种。既然如此,有人异想天开地设想,是否可以用铜变成金呢?要知道,金矿在地下埋藏很多世纪才能形成啊,那么人们如何用短短的几小时将它生产出来呢?

▲ 赫尔墨斯神像

于是,阿拉伯的炼金术士们,开始了在亚历山大里亚那些纸莎草纸卷中,孜孜不倦地寻找答案了。有人传说,那些作者是希腊的众神使者赫尔墨斯以及埃及的神托特,他们都不是一般的凡人,如果没人直接讲授,恐怕我们很难看懂。况且,那书的名字是《赫尔墨斯之子》,也都是以赫尔墨斯的名字命名的。

那时有一本名字为《怎样制造太阳》的书本。书中主要介绍的是，万事万物都是从单一的事物中演变而成，也就是万物出于一种。"事物的母亲是月亮，父亲是太阳。大地是万物的乳娘，万物皆在风的怀抱中成长。事物的形成就好比将固体分开一样，把火与土分离，人们就可以得到完美的东西了……"如同谜语一般，这些话只能让平庸的人如坠之雾。

然而受过教育的人们都知道：月亮是银，太阳是金，土星是铅，水星则被称为水银。于是，阿拉伯一些科学家们开始行动了，他们模仿古代那些炼金术士们做过的试验。为了得出黄金即是太阳这样的结论，他们埋头工作，进行燃烧、熔化、蒸馏一系列的程序。他们想方设法把很多元素跟铜放在一起融化，这样就做成了黄色的合金和白色的合金，因此有人说，就差一点把铜变成金属之王了。

人们徘徊在微小世界的黑暗中，为了追求而不断地努力着。不过他们也有收获，在实践中他们也得到一些真正的东西。他们在混合熔化时发现了硫酸和硝酸，也掌握了制造盐类和溶解金属的方法，而且他们还对砒霜、水银和硫黄的性质进行了研究。

人们又试着掌握最小的微粒，而且是被肉眼看不见的微粒。于是他们制作了过滤器，通过这些过滤器，人们可以使微粒从溶液里分离，并结晶，而且沉淀于容器的底部。

▲ 赫尔墨斯雕像

在科学的道路上，人们终于可以大踏步地前进了，可就差那么一点，东方的曙光又被云雾遮住了。基督教武士们和突厥人分支的塞尔柱人造反,他们的大军由四面八方袭来。世界顿时一片混乱,很多地方燃烧书籍的火光映红城市的上空。不过书可以焚烧但科学却无法烧掉,当巴格达被大军践踏,人们从事科学无门之时,西班牙的科尔多瓦则成了避难所。对于科学工作者来说,只要是尊重科学的地方,四海之内皆为家。在那兵荒马乱的年代,哈里发曾经有人为了一个小小的手抄本而一掷千金。

▲ 阿尔·加惹尔

在巴格达,12世纪的伊朗哲学家、隐士阿尔·加惹尔,开始编写《理智无力,知识无用》这本书。然而就在同一个时代,西班牙的哲学家阿威罗伊,他作为继亚里士多德的后学者,勇敢地站出来维护科学。他说,人类的最大幸福,不是面对未知的事物去低头,而是为寻找一切真理而骄傲。他还谈及一些共为人知的理论,他论述,人的生命短暂,能力有限,不过人类不会消失,真理永恒。坚持这条理念,人类就没有达不到的目的,人类的追求是无止境的。

在一些思想的鼓舞下,大家也意识到,自己的力量微不足道,但融进集体就会力量无穷。巨人也意识到自己的责任,意识到他是人中一个大写的"人"。曾经有一段时间人们很困惑,人们认为除了埃及的人是人,其余就不是人。所以心里总是局限于"埃及人"这个狭义的概念,如今人的视野扩大了,他们真的认识到,所有的人都是人,而且这些人聚在一起才称之为"人类"。阿威罗伊终于清楚地认识到,自己虽然生长在西班牙的卡尔多瓦,但他是阿拉伯人,而且还是一个普通的人……

时光依然不停地流逝,如今基督教武士赶走了阿拉伯人,也就是西班牙摩尔人统治的末日。那些古代的科学文化又将重新遭人践踏,希腊哲学家的著作逐渐散失,已被毁灭。不过也有那一小部分人偷偷地将其收藏起来。

南意大利、普罗文斯、西班牙等很多的地方,一些犹太医生和哲学家以及天文学家们,将托勒密、欧几里得、阿威罗伊、亚里士多德等人的著作,由阿拉伯文翻译成为拉丁文和犹太文。于是,人们把犹太的学者犹大·伊本·提蓬,称作"翻译者之父"。他的儿子撒母耳不仅是哲学家还是医生,经手翻译了亚里士多德的著作《气象学》。他的孙子是作家兼医生,名叫摩西,翻译了塔吉克学者阿维森纳和阿威罗伊的一些作品,还翻译了欧几里得写的《原本》。犹大·伊本·提蓬的曾孙名叫雅科夫,被基督徒称之为顿·普罗菲阿特·提蓬,他亲自翻译了欧几里得的著作,而且他还在蒙彼利埃医学学校讲授天文学课程。

对于翻译世家来讲没有比书籍再珍贵的东西了,他们为了寻找那些古代的手抄本,随时都准备远行。为了寻找古代的纸莎草纸卷,摩西·伊本·提蓬曾经到过亚历山大里亚。旅途中他也不闲着,他还在编写哲学辞典。

▲ 书籍

犹大·伊本·提蓬虽是大家族的长辈,但他留给下代人的不是黄金,而是一箱箱的书籍。他留给儿子撒母耳的遗嘱中说:"你把我搜集的大批书籍好好保存起来吧,给这些书籍编制一份目录。用合适的书橱将书籍放好,记住要用帷幕盖好书架,千万别让那些书受潮或者被老鼠咬坏。别损坏书籍,记住它是你的朋友,是你最好的财富。在学者们的眼睛里,书库比美丽的花园好得多。"

有关提蓬的那些书后来怎么样了，我们不晓得。也许那些宝贵的书籍早已荡然无存，不过作为学者，提蓬以及他的子孙已经完成了自己的历史使命。他们将古代珍贵的智慧储存下来，而且将之继承下去。科学的东西由希腊文到阿拉伯文，再到犹太文和阿拉伯文，兜了多么大一个圈子！如今又回至西方。甚至现在有人搞不清了，将那些希腊学者当成了阿拉伯人。于是就按照阿拉伯的习惯，将阿基米德称作"阿基门尼得"，因为绕的圈子太大，阿基米德的著作是先到了阿拉伯之后才传入了欧洲……就这样科学之宝才被保留了下来，再慎重地继续流传后世。

此时，西方怎么样了

东方发生了这一系列的事情，那么西方怎么样了呢？西方曾经有那么一个时期，"领地"被变成了海洋孤岛。人们像鲁滨逊一样过着孤岛封闭的日子，农奴劳作着，他们满足现状，也满足自己那点需求。不过农奴不是奴隶，奴隶总是想方设法逃跑，而农奴们却安心于这种生活。他们拼命地干着活，砍伐森林，排干沼泽，用力气征服土地。他们坚持不懈地努力，使地主收获更多。

农夫们打下很多的粮食，然而自己只能获得一小部分收入。那些人住的是寒酸的茅草屋，昏暗而潮湿，对于他们来讲，永远是困苦与贫穷。然而在地主们的城堡里，大餐桌上永远是吃不完的鸡鱼肉蛋。地主也很好客，他们不仅自己吃，有时也让客人酒足饭饱，即便仆人也不太差。

城堡里住的都是什么人啊？没有领地的武士，也有武士的随从，还有厨师。司膳、司酒、马夫、侍童、看门人、照顾猎犬的人，还有那些普通的奴婢仆人。

这些人，有的坐在桌边吃饭，有的站在旁边伺候。天鹅、火腿、鱼和包子等等，这些热气腾腾、味道香辣的食物，眨眼之间被吃得精光。那些人很会生活，生姜、胡椒和香料各种调味，甚至酒里也放一些海外香料，难免人们食欲增强。

这里的人靠什么生存？他们有农奴供养，用不着自己动手劳动。他们穿的昂贵的鹅绒外衣、貂皮斗篷等从哪儿来呢？曾经地主也穿家织布料，可现在不穿了，因为他们可以用钱买上好的、远道来的东西。地主的钱哪来的呢？当然是茅草屋里的农夫用劳动换来的了。

以前地主直接强迫农夫劳役，不过现在不用了，而改为征收地租。不管你平时做什么，只要你到期付钱就行，无论你种地或者从事手工生产，如果最后还不上地租，把家里的牛卖了也行。

不过地主的钱财也会捉襟见肘。因为万一要去出征就得买剑和盔甲，以及出门所用的各种东西。家里设宴还需要买一些海外的高档服装和调味料，所以，地主们派人外出购买活动也越来越频繁了……

最近几年城市扩建很快，不久前这里还像一个栅栏围起来的村庄。肮脏的地面，教堂市场的周围分布着零星的房子，这种现象历历在目。而现在呢？武器匠、织工和商人都在那里修建了很多房子，而且院落整洁，设计精美，金碧辉煌。

以前这里的商人是流动的，即便裁缝也是游动干活。为了满足更多人的需求，于是裁缝、织工、商人们都被安顿下来，在城市定居生活，甚至他们沾亲带故的亲戚也都搬了过来。就这样，城市又划分了陶工区和染匠区。

在领地里，有些木匠的儿子，脱离农奴的身份成为木工，专门从事了雕木工作。他们也身着崭新的衣服，脚踏漂亮的靴子，腰间佩戴镶银的刀。而那些神气的新贵商人，也高高地骑在马背上，身着毛呢外套，头戴海狸皮帽，别提有多牛，不过这些人是很守信用的。

城市的生活都挺好，只有农奴们生活很贫穷。一旦战争爆发，城里人都

▲ 他们也身着崭新的衣服，脚踏漂亮的靴子，腰间佩戴镶银的刀

能躲起来，武将们关紧城门，他们都有坚固的城墙保护着。可农奴们没有安全感，武装匪徒们焚烧他们的茅屋，赶走他们的家畜，也践踏了庄稼。地主们的战争，往往倒霉受罪的是农奴，庄稼荒芜了，秋后更是入不敷出。

农奴的小孩向母亲要吃的，母亲总会说，粮食被老爷收走了；孩子长大后跟着父亲干活，父亲会对孩子说，老爷又命令我们耕地了；教堂里神甫面对祈祷的穷人总是讲：忍着吧，基督就是这样忍耐的。忍着，人们总是这样忍着！穷人盼望着孩子长大日子能好过一点，可是墓地上的十字架越来越多，直到他们死了那一天，日子依然不会好起来。

忍耐！忍耐何时为止呢？也有人忍不住了，他们只有一条路可走，那就是逃亡。于是有人半夜三更离开了破落的家门，而且头也不回地逃了。去哪里呢？进城！谚语说得好"城市的空气是自由的"。然而这些农奴们则是被固定在地主庄园里的劳动工具啊！逃到哪里也是难以脱身的。忍着？不能再忍了！愤怒的农夫终于发起了暴动，他们开始放火烧地主的城堡，就这样，很多碉堡似的庄园被熊熊的烈火包围起来。

随着战争，又开始了饥馑。在那些凄凉而荒废的土地上，从意大利到普罗文斯，又从普罗文斯至勃艮第。瘟疫伴着饥馑接踵而至，在一把金币换一斗谷物的情形之下，死亡的人数越来越多了。村庄渐渐空旷起来，而坟场越来越拥挤了……

很多人认为世界末日到了，耐心等死吧！有人亵渎神灵，说："世界之所以变得越来越糟，原因是恶魔创造了世界。"异端传说到处蔓延，也有人磨刀霍霍正待铲除它们，然而，内心的恐慌怎么可以铲除呢？

人们已经无路可行，于是大街小巷，已经有人慢慢活动。农夫们用自制的矛和剑发起暴动，他们在泥泞的道路上艰难地跋涉。人们带走能够随身带的东西，已无回头之日。吱吱呀呀的破落车棚里，孩子们大哭小叫，牛马嘈杂地嘶叫着。而追赶的那些男爵们，带着自己的随从和仆人，还有一些农牧、

▲ 身穿闪亮外衣的武士

歌手、伶人，孩子们也排起了长长的队。武士们追来了，那些肩带十字记号、身穿闪亮外衣的武士来压制他们。

无论渡口还是市场，到处是拥挤不堪的人群。大家在热闹空前地做着生意，很多人无奈之下将不能带的东西卖掉了。金钱永远跟着商人的腰包行走，商人将货币囤积起来，又将囤积的笨重货物推向市场赚着大钱。

农奴指望什么？又能投奔哪去呢？人们希望奇迹发生，他们要到东方去。人们指望着从撒拉逊人的手中夺取"圣地"巴勒斯坦。他们梦想在夺取圣地的同时，也能得到东方那无尽的财源。

世界科普巨匠经典译丛·第五辑

米·伊林作品集

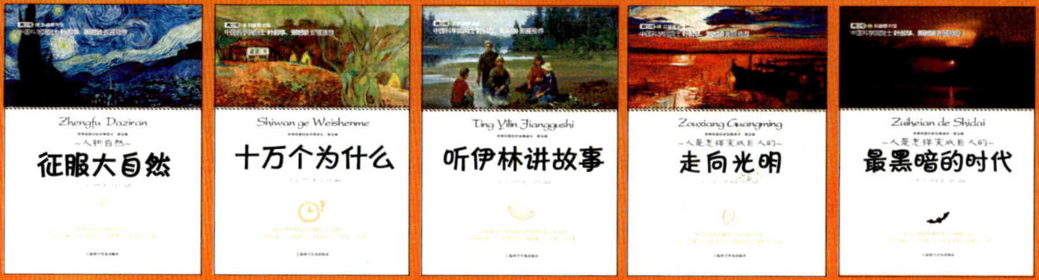

征服大自然	十万个为什么	听伊林讲故事	走向光明	最黑暗的时代
定价：24.00元	定价：28.00元	定价：25.00元	定价：22.00元	定价：23.00元
喜怒无常的天气	走出大森林	人和山	驯服任性的自然	科学的开始
定价：20.00元	定价：23.00元	定价：20.00元	定价：22.00元	定价：22.00元

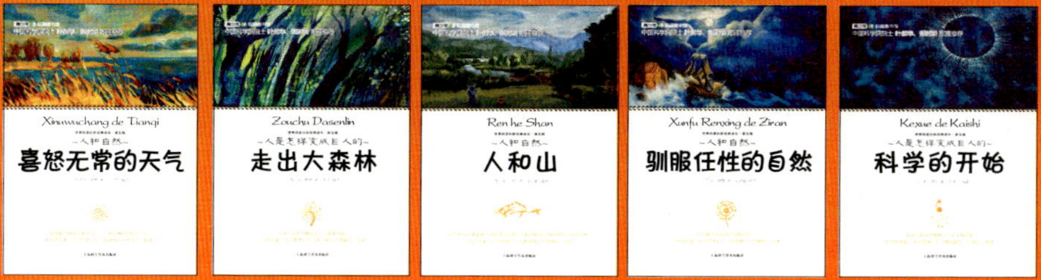

- 聚文学性、科学性、现实性于一体
- 不朽的科普名著，和《昆虫记》《森林报》一样精彩、耐读

世界科普巨匠经典译丛·第六辑

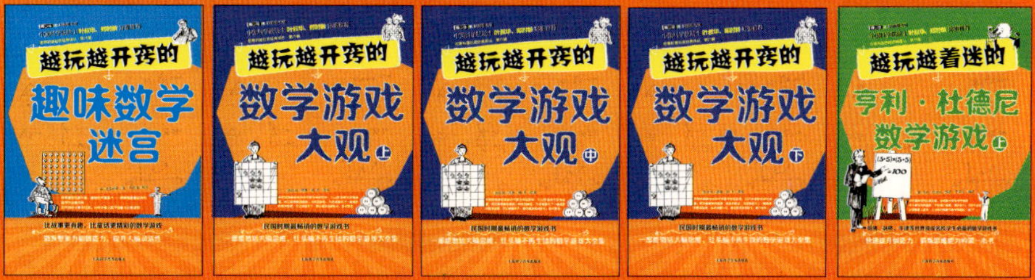

越玩越开窍的趣味数学迷宫	越玩越开窍的数学游戏大观(上)	越玩越开窍的数学游戏大观(中)	越玩越开窍的数学游戏大观(下)	越玩越着迷的亨利·杜德尼数学游戏(上)
定价：23.00元	定价：22.00元	定价：22.00元	定价：22.00元	定价：28.00元
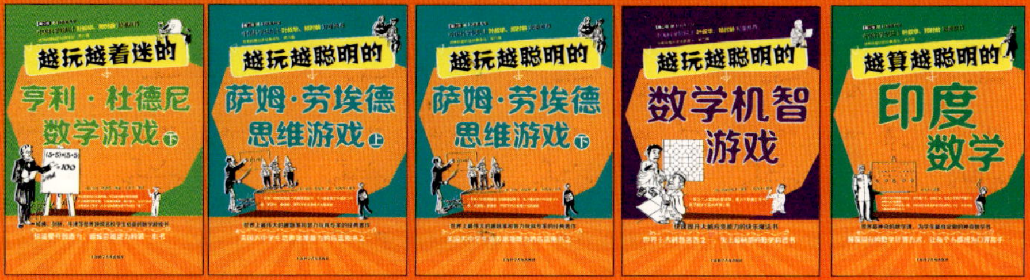 越玩越着迷的亨利·杜德尼数学游戏(下)	越玩越聪明的萨姆·劳埃德思维游戏(上)	越玩越聪明的萨姆·劳埃德思维游戏(下)	越玩越聪明的数学机智游戏	越算越聪明的印度数学
定价：28.00元	定价：24.80元	定价：24.80元	定价：25.80元	定价：23.00元

- 囊括世界最畅销的数学谜题著作
- 开启最强劲的头脑风暴，玩转最经典的数学谜题

热烈庆贺我社2013年10月出版的图书《世界科普巨匠经典译丛·第二辑》（10本）入选《全国图书馆推荐书目（2013年度）》，荣获"全民阅读年会50种重点推荐图书（2013年度）"大奖。我们将再接再厉，精益求精，为读者奉献更多好书。

上海科学普及出版社

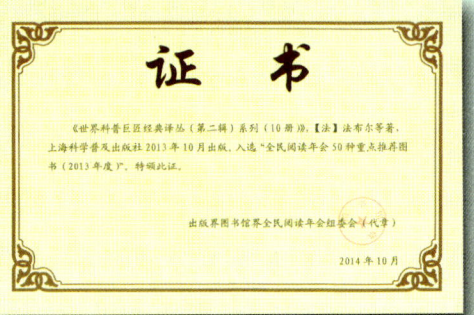

玻璃的故事
定价：27.80元

化学的秘密
定价：29.80元

科学史上的伟大时刻
定价：22.80元

蜡烛和肥皂泡
定价：22.00元

趣味地球化学
定价：29.80元

趣味化学
定价：23.80元

趣味矿物学
定价：27.80元

自然的玄机
定价：29.80元

乌拉·波拉故事集
定价：22.00元

人类发明的故事
定价：29.80元

学生必读课外读物　家庭最佳典藏书